大连海洋大学

大数据云计算背景下外语学科智慧教学实践平台建设研究

郭艳玲 ◎ 著

长春出版社
全国百佳图书出版单位

图书在版编目（CIP）数据

大数据云计算背景下外语学科智慧教学实践平台建设研究 / 郭艳玲著. —长春：长春出版社，2023.9
ISBN 978-7-5445-7187-6

Ⅰ.①大… Ⅱ.①郭… Ⅲ.①外语教学-教学研究-高等学校 Ⅳ.①H09

中国版本图书馆 CIP 数据核字（2023）第 179908 号

大数据云计算背景下外语学科智慧教学实践平台建设研究

著　　者　郭艳玲
责任编辑　孙振波
封面设计　宁荣刚

出版发行　长春出版社
总 编 室　0431-88563443
市场营销　0431-88561180
网络营销　0431-88587345
地　　址　吉林省长春市长春大街309号
邮　　编　130041
网　　址　www.cccbs.net

制　　版　佳印图文
印　　刷　三河市华东印刷有限公司

开　　本　710毫米×1000毫米　1/16
字　　数　128千字
印　　张　9.5
版　　次　2023年9月第1版
印　　次　2023年9月第1次印刷
定　　价　58.00元

版权所有　盗版必究
如有图书质量问题,请联系印厂调换　联系电话:13933936006

前　言

目前，我们正处在大数据（big data）时代。大数据技术，或称"巨量资料"，指的是所涉及的资料量规模巨大到无法通过目前主流软件工具在合理时间内达到撷取、管理、处理并整理成为帮助企业经营决策更积极目的的资讯。在维克托·迈尔–舍恩伯格及肯尼思·库克耶编写的《大数据时代》中，大数据指不用随机分析法（抽样调查）这样的捷径，而采用对所有数据进行分析处理的方法。大数据的4V特点：Volume（大量性）、Velocity（高速性）、Variety（多样性）、Value（价值性）。

云计算是指通过虚拟化有效聚合各类资源，通过网络化按需供给资源，通过专业化提供丰富的应用服务，与大数据分析有机结合，云端直接面向不同网络获得数据，再交给大数据，由大数据向云端反馈或者分析出具体需求结果。随着信息化教育的发展，数字化校园环境建设不断发展，"云计算和大数据分析技术"迅速得到应用。

本书介绍了大数据时代云计算和大数据的相关知识，分析了我国教育信息化现状及外语教学存在的问题。在大数据云计算背景下，作者在大连海洋大学翻译学科和英语学科研究基础上，探究建设翻译云智慧教学实践平台和一课英语智慧教学实践平台的外语学科智慧教学

大数据云计算背景下外语学科智慧教学实践平台建设研究

实践平台，旨在贯彻《国家中长期教育改革和发展规划纲要（2010—2020年）》，执行中共中央、国务院印发的《中国教育现代化2035》，落实《加快推进教育现代化实施方案（2018—2022年）》，提高外语学科建设质量，培养适合21世纪需要的具有较强创新能力和实践能力的高质量人才，为推动中国式现代化建设做出贡献。

  本书是教育部2021年第二批产学合作协同育人项目"一站式英语智慧教学实践平台建设研究"（项目号：202102527012）和2021年辽宁省教育厅新文科研究与改革实践项目"新文科视域下涉海高校多元化外语人才培养模式创新路径研究"的研究成果。

目 录

第一章 研究背景 ... 1
  一、大数据云时代 ... 1
  二、国家政策背景 ... 2
  三、教育信息化现状 ... 4
  四、外语教学问题分析 ... 5

第二章 研究基础 ... 8
  一、翻译学科研究基础 ... 8
  二、英语学科研究基础 ... 9

第三章 翻译云智慧教学实践平台 ... 11
  一、云计算与虚拟化技术 ... 11
  二、云计算及大数据基础平台 ... 15
  三、翻译云教学实训平台 ... 43
  四、大连海洋大学翻译云智慧教学实践平台 ... 61

第四章 一课英语智慧教学实践平台建设 ... 66
  一、建设目标 ... 66
  二、建设思路 ... 67
  三、建设内容 ... 68
  四、建设方案 ... 69

五、建设意义 ································· 77
第五章　一课英语智慧教学实践平台的功能 ··············· 80
　　一、听力训练 ································· 80
　　二、口语训练 ································· 84
　　三、配音训练 ································· 86
　　四、阅读训练 ································· 90
　　五、写作训练 ································· 94
　　六、口译训练 ································· 97
　　七、笔译训练 ································ 100
　　八、单词训练 ································ 103
　　九、课堂英语专项教学系统 ······················ 106
　　十、课堂互动教学系统 ·························· 112
　　十一、学生自主学习系统 ························ 116
　　十二、资源库管理 ······························ 117
　　十三、习题库管理 ······························ 119
　　十四、试卷库管理 ······························ 121
　　十五、成绩单管理 ······························ 123
第六章　一课英语智慧教学实践平台的效果 ············· 125
　　一、一课英语智慧教学实践平台使用案例 ·········· 125
　　二、一课英语智慧教学实践平台建设特色 ·········· 138
　　三、一课英语智慧教学实践平台建设创新点 ········ 139
后　记 ··· 140

第一章 研究背景

一、大数据云时代

随着互联网技术及应用、信息处理及存储技术的飞速发展,大数据已经成为各个领域和行业信息技术应用升级的重要基础。现在的社会是一个高速发展的社会,科技发达,信息流通,人们之间的交流越来越密切,生活也越来越方便,大数据就是这个高科技时代的产物。对于大数据,研究机构Gartner给出了这样的定义:大数据是需要新处理模式才能具有更强的决策力、洞察发现力和流程优化能力的海量、高增长率和多样化的信息资产。根据维基百科的定义,大数据是指无法在可承受的时间范围内用常规软件工具进行捕捉、管理和处理的数据集合。

大数据技术的战略意义不在于掌握庞大的数据信息,而在于对这些含有意义的数据进行专业化处理。换言之,如果把大数据比作一种产业,那么这种产业实现盈利的关键在于提高对数据的"加工能力",通过"加工"实现数据的"增值"。

从技术上看,大数据与云计算的关系就像一枚硬币的正反面一样,密不可分。大数据必然无法用单台计算机进行处理,必须采用分布式架构。它的特色在于对海量数据进行分布式数据挖掘。但它必须依托云计算的分布式处理、分布式数据库和云存储、虚拟化技术。

随着云时代的来临，大数据吸引了越来越多的关注。分析师团队认为，大数据通常用来形容一个公司创造的大量非结构化数据和半结构化数据，这些数据在下载到关系型数据库用于分析时会花费过多时间和金钱。大数据分析常和云计算联系到一起，因为实时的大型数据集分析需要像MapReduce一样的框架来向数十、数百甚至数千的电脑分配工作。

大数据需要特殊的技术，以有效地处理大量的容忍经过时间内的数据。适用于大数据的技术，包括大规模并行处理（MPP）数据库、数据挖掘、分布式文件系统、分布式数据库、云计算平台、互联网和可扩展的存储系统。

二、国家政策背景

教学是教育领域的中心工作，教学信息化就是要使教学手段科技化、教育传播信息化、教学方式现代化。教育信息化，要求在教育过程中较全面地运用以计算机、多媒体和网络通信为基础的现代信息技术，促进教育改革，从而适应正在到来的信息化社会提出的新要求，对深化教育改革、实施素质教育具有重大意义。

2019年2月23日，中共中央、国务院印发了《中国教育现代化2035》，在文件重点部署的面向教育现代化的十大战略任务中明确提出"加快信息化时代教育变革，建设智能化校园，统筹建设一体化智能化教学、管理与服务平台。利用现代技术加快推动人才培养模式改革，实现规模化教育与个性化培养的有机结合"。同一天，中共中央办公厅、国务院办公厅印发了《加快推进教育现代化实施方案（2018—2022年）》，实施方案中的任务提出"着力构建基于信息技术的新型教育教学模式、教育服务供给方式以及教育治理新模式。促进信息技术与教育教学深度融合，支持学校充分利用信息技术开展人才培养模式和教学方法改革，逐步实现信息化教与学应用师生全覆盖"。

《国家中长期教育改革和发展规划纲要（2010—2020年）》（简称《纲要》）指出："提高质量是高等教育发展的核心任务。"提高高等教育教学质量要求我们为高校大学生提供优质外语教育。高校开设大学英语课程，一方面是满足国家战略需求，为国家改革开放和经济社会发展服务；另一方面是满足学生专业学习、国际交流、继续深造、工作就业等的需要。大学英语课程对大学生的未来发展具有现实意义和长远影响，学习英语有助于学生树立世界眼光，培养国际意识，提高人文素养，同时为知识创新、潜能发挥和全面发展提供一个基本工具，为迎接全球化时代的挑战和机遇做好准备。《纲要》明确指出："信息技术对教育发展具有革命性影响，必须予以高度重视。"《纲要》还指出，应推进信息技术与教学融合。建设智能化教学环境，提供优质数字教育资源和软件工具，利用信息技术开展启发式、探究式、讨论式、参与式教学，鼓励发展性评价，探索建立以学习者为中心的教学新模式，倡导网络校际协作学习，提高信息化教学水平，逐步普及专家引领的网络教研，提高教师网络学习的针对性和有效性，促进教师专业化发展。

本项目建设的外语学科智慧教学实践平台是贯彻《国家中长期教育改革和发展规划纲要（2010—2020年）》，执行中共中央、国务院印发的《中国教育现代化2035》，落实《加快推进教育现代化实施方案（2018—2022年）》的重要举措。

三、教育信息化现状

随着我国政府以及相关教育主管部门在教育信息化方面的投入不断增加，我国教育信息化建设事业取得了快速的发展和进步，信息化建设已逐渐成为各级教育单位促进自身跨越发展和进步的战略选择与重要手段。当前我国教育信息化资源建设不管是在质量上还是数量上都取得了显著的进步和提升，基本实现了从最初阶段的资源素材建设逐步转变到资源管理平台的建设，再到资源应用平台的建设，整个教育信息化资源体系正逐渐得到完善。

我国教育信息化建设在过去十年大规模信息基础设施建设的基础上，着力推动信息技术与教育的深度融合，推进信息技术在教育教学、管理、科研等方面的深入应用，促进相关流程优化与再造，变革传统教育理念、模式与方法，支撑和引领教育创新发展。

我国教育信息化未来深层次的发展必然会走出重硬件、轻软件、忽视应用的误区，指导思路将从以硬件为核心转变为以应用发展为核心，从注重信息化的基础设施建设转变为注重信息化设施应用的效能，从注重基础设施的信息化转变为注重教师与学生的信息化发展，从注重信息技术的表面应用转变为注重各学科教学质量和促进学生学习能力的提高，从而真正实现教育信息化"革命性"的目的。

在全球化的背景下，信息化得到迅速发展。大学生能力的提升，不仅需要学习教材内的知识，还需要不断通过信息网络提升视野，及时了解世界各国优秀的文化、前沿的科学技术、先进的管理经验和思想理念，培养人文精神，提升综合素质，促进全面发展。利用平台甄选的、及时更新的资源，有助于培养和储备一大批具有世界眼光、国际意识和跨文化交际能力的，通晓国际规则、精通国际谈判的人才，为促进我国社会经济发展，增强我国履行国际义务及参与全球治理能力，推动构建人类命运共同体提供充足的优质人才资源。

广大师生通过以互联网为基础搭建的学习平台，能及时了解到国内外的文化知识，教师在互联网中上传学习资源，供学生泛在式学习、慕课学习等，实现课堂翻转。平台中多样化的互动工具，提升了课堂互动反馈效果，提升了学生参与度。摆脱时间、空间限制，学生能随时随地地进行英语学习，提升了学生主观能动性，学生能更加积极、主动地学习英语，摆脱传统被动式的学习模式，促使英语教育方式与理念的创新。在"互联网+"影响下，英语教育逐渐形成现代创新、多元化理念，推动着英语教育的革新，对高校、对学生都具有十分重要的意义。

在"互联网+"背景下，英语教师能够通过丰富的在线资源，提升其专业知识，进一步优化课堂教学质量。同时，学生也能够迅速获取学习资源和学习技巧，以便更好地掌握英语学习的重点和难点。这种学习模式不仅提高了学生的学习效率，也促进了他们语言能力的提升。在"互联网+"环境下，英语学习变得更加高效，学生能够更快速地掌握英语知识和技能，实现学习目标。

四、外语教学问题分析

随着社会的不断发展进步，我国的科技事业迅速壮大起来，信息技术开始普及到各个领域。近年来，由于国家对教育事业越来越重视，教育事业也在不断革新中，在教学方式上逐渐摆脱了黑板、粉笔等口头传授知识的传统教学方式。为了培养学生对外语学习的兴趣，提高学生的自主学习能力，增强学生的主动探究意识，提高课堂外语

大数据云计算背景下外语学科智慧教学实践平台建设研究

教学的有效性，我国高校纷纷将信息技术融入英语教学中。现代信息技术通过视听结合、声图并茂、动静相宜的表现形式，生动形象地展示教学内容，开阔学生眼界，活跃课堂氛围，充实和丰富课堂教学内容，激发学生的求知欲，有利于开发学生智力，培养和锻炼学生的自主学习能力、理解能力、创新思维能力。信息技术与英语教学有效融合，使得外语课堂的教与学能取得预期的成果。但由于"互联网+"教学模式开展时间较短，外语教学的特殊性与常规课堂教学方式的差异性较为明显，所以在实际操作中仍然存在如下四方面的问题。

（一）硬件投入比例过大但应用滞后

当前，我国教育信息化的应用水平不高，与教学实践结合不紧密。硬件环境的大投入与应用效果的低产出是当下我国教育信息化发展进程中的主要矛盾。在过往的教育信息化建设中，优先考虑购买硬件设备，计划预算也是按照硬件投入来进行的，很少将软件费用计入预算。在应用中，往往是投入极大代价建成的信息化硬件少有使用，师生没有充分享受到有效的教育技术成果，对教育的影响远未达到预期目标。

（二）外语信息化建设缺乏统一规划，资源浪费严重

教育信息化资源包括教学过程中的电子音像教材、媒体素材、课件、案例、文献资料、题库、教学工具等多种类型。目前大多数应用软件多从教师个人的单一角度出发，同学科各教师之间的资源不能相互结合，造成了操作困难和资源互不兼容的问题。同时，社会资源向教育系统的开放不够，资源分散、重复建设、标准化程度低，整合与共享难度大，未建成良好的共建共享机制。教育信息化建设比较散、乱，缺乏整体、统一规划，"资源孤岛"现象严重；而重复建设问题，不能发挥信息化硬件和资源共享分享优势，造成严重的资源浪费。

（三）教学教材资源及软件应用建设滞后

部分学校教学软件数量较多，但教师使用的积极性不高，使得教学资源被闲置。产生这一问题主要是因为有些教学软件实用性较差，教师使用时感觉效果不好，不愿意用；多数教师不会对购买来的教学软件进行再加工或者没有时间加工等。这些情况既造成了资源和资金的浪费，也影响了教师在教学中使用多媒体教学软件的积极性。此外，外语教材的组织和编排也存在内容更新缓慢、缺乏动态性和时代性的问题，且国产化痕迹严重，导致学生学习的知识缺乏国际视野等。

（四）外语教学中不同程度地存在着重知识、轻能力的现象

不少学校教学模式单一，学生的阅读能力有待提高，听力能力和口语能力较差，与社会需要之间的差距较大；在教学观念、教学方式及教学内容上依然较多地重视语言知识的传授，还没有完全摆脱应试教育的负面影响。外语教学中仍采取单一的"统一式"授课方式及"单向交流"的授课形式，学生"全场听"，以这种方式进行大班化外语教学，很难形成良好的语言环境，对于基础薄弱和自制能力较差的学生，仅靠课堂的有限时间很难将英语学习融会贯通，缺乏系统的外语训练。

第二章 研究基础

一、翻译学科研究基础

大连海洋大学于2014年获批翻译专业学位点，2015年开始招收第一届翻译（英语笔译）硕士专业学位研究生；2019年获批翻译（日语笔译）招生权，2020年开始招收日语笔译硕士生。目前，大连海洋大学外国语与国际教育学院研究生招生总数为397人。

翻译学科依托大连海洋大学海洋和水产的办学特色，开展海洋经济背景下的翻译研究，特别针对海洋经贸及海洋科技专门用途，英、日语进行翻译理论、翻译实践和翻译技巧方面的研究，与大连海洋大学海洋科学、海洋经济、海洋水产等涉海领域研究形成交叉、互补，突显海洋经贸及海洋科技领域行业英、日语的翻译特色。

在课程设置方面，充分体现了大连海洋大学的办学特色，理论课程除了设置翻译教指委指导性培养方案中所规定的学位专业课，还开设了水产品国际贸易翻译、海洋经济翻译、海洋资源利用与管理、渔业翻译、海洋工程翻译等涉海课程，努力打造既具有"涉海类大学专业翻译人才培养模式和体系"特征，又适应现代语言服务产业需求的"高层次、应用型、专业性"的英、日语笔译人才。

在实习基地和实践平台建设方面，为了培养学生的翻译实践能力，学院已与武汉传神信息技术有限公司、上海瑞科翻译有限公司、百奥泰国际会议（大连）有限公司、大连医诺生物有限公司等多家企业签署了联合培养协议，建立了联合培养基地。学院采用合作式教学，实施校企联合培养模式。一方面，安排学生在实习阶段参与实习基地的翻译实践工作，至少要完成不低于15万字的笔译实践，实习结束后由实习企业为学生提供学生实习证明及评估鉴定。此外，学院还与武汉传神信息技术有限公司、上海瑞科翻译公司实现了远程实习。另一方面，校企联合修订培养方案，科学规划课程设置。学院成立了翻译硕士培养指导委员会，邀请联合培养基地的专家或高级技术人员与我们共同研讨、修订培养方案，使课程设置与企业需求接轨，以满足企业对人才的需求，缩短学生未来从事职业的磨合期。学生翻译能力的培养，亟须我们深化教学手段改革，加强线上线下混合式课程教学建设。

二、英语学科研究基础

《大学英语教学指南（2020版）》指出，大学英语应充分发挥现代信息技术在英语教学中的重要作用，大力推进现代信息技术与课程教学的深度融合。在信息化与智能化时代，多媒体技术以及大数据虚拟现实人工智能技术等现代信息技术已成为外语教育教学的重要手段。高校应充分利用信息技术，积极创建多元的教学与学习环境，建设或使用在线开放课程、线下课程、线上线下混合课程、虚拟仿真个性化课程等精品课程，实施混合式教学模式，使学生朝着主动学习、自主学习和个性化学习的方向发展。只有转变教学理念，充分利用网络教

大数据云计算背景下外语学科智慧教学实践平台建设研究

学平台和资源开展智慧教学，帮助学生开展有效的泛在化自主学习，才能从根本上提高学生的英语综合能力。因此，研究如何基于外语教学平台，有效进行英语特色智慧教学模式设计研究，有着十分重要的意义。

大连海洋大学的大学英语和专业英语课程建设以教学改革和特色课程体系建设为两大主线，取得了一定成绩。大学英语从2003年开始了系列改革，已获批并完成12项大学英语教学改革项目。这些教改项目包括以贯彻因材施教原则、让学生普遍受益为目标的大学英语分级教学改革，以更新教学手段、培养学生综合运用能力和自主学习能力为目标的大学英语教学模式系列改革。大学英语教学改革也取得了一些成绩，2009年5月"深化大学英语教学改革"教改项目获辽宁省第六届高等教育教学成果三等奖；2010年大学英语课被评为省级精品课；2018年4月"构建涉海高校海洋专业CBI大学英语教学新模式"教改项目获辽宁省高等教育教学成果二等奖；2022年"大学英语AI"获辽宁省线下一流本科课程。

2019年10月31日，教育部发布《教育部关于一流本科课程建设的实施意见》，对一流本科课程的建设内容和要求做了明确的阐述，要求加强线上线下混合式课程教学建设。我校的英语专业在1994年创办的外贸英语专科基础上，于2002年升格为本科专业。2012年，英语专业参加了辽宁省普通高等学校专业综合评价，以巩固本科教学基础地位和人才培养中心地位，坚持走以质量提升为核心的内涵式发展道路。英语专业在30所普通本科高校中获得第8名的评价成绩。2019年我校英语专业获批辽宁省示范专业。

我校大学英语与时俱进的改革、英语专业的发展及翻译学科的建设为本研究奠定了坚实的基础。

第三章　翻译云智慧教学实践平台

一、云计算与虚拟化技术

近年来，计算技术的发展日新月异，一个明显的特征是存储资源的容量越来越大，而其单位容量的硬件资源的价格却越来越便宜，这使得通过构建数据中心来保存大规模数据不再昂贵。同时，随着云计算的发展，软件即服务（Software as a Service）、平台即服务（Platform as a Service）等技术的推广，众多涉及海量数据处理的应用蓬勃涌现，对云计算环境下的数据处理系统提出了重大需求。

当前，多核技术的出现，即一个CPU拥有多个处理单元，给计算机技术带来新的革命。因此，如何利用多核技术来提高数据并行处理能力就成为云计算环境下迫切需要研究的问题之一。虚拟化技术的发展，使得在一台物理主机上能够虚拟出多个计算机系统，在这种情况下，每个虚拟机可以根据任务的大小配置相应的处理单元，从而并发工作。正是多核技术和虚拟机技术的发展，为我们开展研究工作提供了技术背景和动力。

虚拟化是继互联网之后，又一个对整个信息产业有突破性的信息技术。从最早的内存虚拟化到存储虚拟化，以及近年来大行其道的资

大数据云计算背景下外语学科智慧教学实践平台建设研究

源虚拟化和网格计算，虚拟化技术已经融入我们所触及的IT领域中的各个层面。究其实质，虚拟化是为实现计算资源优化和体系结构透明化、人与计算机和谐共处而提供的优化处理环境。时至今日，伴随着IT硬件的丰富化、多样化以及一些软件公司如VMware、Xen、微软等推出不同的虚拟化软件之后，虚拟化进驻的应用领域已经逐渐拓展，虚拟化技术已经得到了大幅度提升。目前出现的许多不同种类的虚拟化解决方案，致力于从不同的角度解决不同的系统性能问题，使得虚拟化技术的内容越来越丰富。虚拟化生态链系统趋于标准化也体现了虚拟化技术的良好前景。

云计算环境下的大规模数据处理系统目前缺乏一套高效的可视化管理工具，使得大规模数据处理系统的部署、监控和调优非常困难，也缺乏有效的应用调试工具和辅助开发工具，极大地制约了云计算环境下数据处理系统的管理和使用。也就是说，虚拟机和多核处理器技术并不能保证由此构建的海量数据并发处理系统的使用性能和管理性能达到最优，需要研究如何能够快速在成千上万台计算机上并发部署含有数据处理单元的虚拟机镜像，如何监控如此庞大的系统，如何根据监控反馈信息实时调整虚拟机处理能力和重新分配数据处理任务，如何更有效率地放置数据等。

（一）MapReduce

云计算环境下的类似研究和实践主要是MapRedue数据处理模式。MapReduce是一种新型的大规模海量数据并行编程模式，由谷歌公司在2004年提出。它的含义是"任务的分解与结果的汇总"，即用户指定一个Map函数，通过这个Map函数处理key/value（键/值）对，并且产生一系列的中间key/value对，再使用Reduce函数来合并所有的具有相同key值的中间键值对中的值部分。MapReduce的出现使得那些没有多少并行计算经验的开发人员也可以开发并行应用。MapReduce的编程模式已成功应用于许多方面，例如，用于产生Google的Web搜索服务所需数据，用来排序、数据挖掘、机器智能学习等。MapReduce将应用切分为许多小任务块去执行，出于保证可靠性的考虑，其底层的分布式文件系统会为数据块创建多个副本，并放置在分布式的计算节点中，MapReduce就在数据副本存放的地方进行处理。

MapReduce模式有多种实现原型，其中最著名的是Hadoop系统。Hadoop是Apache开源组织的一个分布式计算开源框架，其核心主要由两部分组成：HDFS（Hadoop Distributed File System）和对MapReduce的实现。HDFS具有高容错性，并且可以被部署在低价的硬件设备之上。HDFS很适合那些有大数据集的应用，并且提供了对数据读写的高吞吐率。Hadoop在很多大型网站上都已经得到了应用，如亚马逊、Facebook和Yahoo等。

目前，MapReduce及Hadoop在数据处理的响应时间、任务状态获取以及性能优化等方面还有一定的不足。

（二）并行关系型数据库

针对大规模数据的存储模式主要有两类：第一，传统的并行关系数据库处理系统及SQL查询语言；第二，以BigTable、Cassandra等为代表的非关系型数据库。由于传统的关系型数据库在超大规模和高并发方面暴露了很多难以克服的问题，因此将多个关系型数据库联在一起，组成数据库集群来解决大规模数据处理中遇到的问题是一个很自然的想法。一般来说，有关数据库集群的技术都非常庞杂，特别是一些关系类型的，在构建的时候并没有考虑到超大规模和分布式的特点。许多商家通过复制和分区的方法来扩充数据库，使其突破单个节点的限制，但这些功能通常都是事后增加的，安装和维护都很复杂，而且也会影响关系数据库管理系统（RDBMS）的特定功能，例如联接、复杂的查询、触发器、视图和外键约束这些操作在大型的RDBMS上代价相当高，甚至无法实现。更具挑战性的是，实际应用要求在提高速度、数据同步、安全保证、可扩展性方面的指标能同时提升，而不是单纯提升某一指标而牺牲其他指标。全面提升这些技术指标是所有数据库集群技术都将面临的重大课题。

HadoopDB用Hadoop作为底层数据操作平台，将PostgreSQL安装在Hadoop集群中，把一个复杂的数据查询解析成Hadoop任务，然后使用Hadoop分发到每个节点中的PostgreSQL进行查询，再将查询结果进行汇总。由于PostgreSQL是一个关系型数据库，所以HadoopDB单节点的数据处理功能比非关系型数据库强大。然而，由于使用了关系型数据库，HadoopDB也存在着局限性。一方面，HadoopDB不能支持数据副本，这样导致了整个分布式系统的容错性很差；另一方面，关系型数据库的容量达到GB的数量级之后，性能会显著下降，这就导致了HadoopDB的每个节点存储的数据都非常有限。

总体来说，在很多实际课题中使用由关系型数据库组成的数据库集群来进行海量数据处理是一个实现复杂、成本很高的方法。

（三）分布式非关系型数据库

目前，以Google开发的BigTable、Facebook开发的Cassandra为代表的非关系型数据库成为研究和应用的热点之一。由于非关系型数据库在设计之初就考虑到可扩展性，因此很适合用于大规模数据的处理。开源非关系型数据库很多，它们的体系结构主要分为以Cassandra为代表的P2P架构和以HBase为代表的主/从（Master/Slave）架构。

Cassandra是一个混合型的非关系型数据库，类似于Google的BigTable。Cassandra的主要特点是它不是一个数据库，而是由一堆数据库节点共同构成的一个分布式网络服务，对Cassandra的一个写操作，会被复制到其他节点上去，对Cassandra的读操作，也会被路由到某个节点上面去读取。对于一个Cassandra群集来说，扩展性能是比较简单的事情，只管在集群里面添加节点就可以了。

HBase是Google BigTable的开源实现，类似Google BigTable用GFS作为其文件存储系统。HBase用Hadoop HDFS作为其文件存储系统；Google运行MapReduce来处理BigTable中的海量数据，HBase同样利用Hadoop MapReduce来处理HBase中的海量数据；Google BigTable用Chubby作为协同服务，HBase用Zookeeper作为对应。在目前流行的分布式数据库中，HBase因和Hadoop结合紧密的特点，具有较强的数据处理能力。HBase也是一种非关系型数据库，它是基于HDFS的一个非关系型数据库，因为这一特点，它能很好地和Hadoop结合在一起，能够利用Hadoop强大的数据处理功能来对存储在HBase中的数据进行分析处理。

基于以上的分析，我们针对目前海量数据的并行处理和分布式存储面临的诸多问题，根据云翻译业务的需求特点，将构建基于虚拟机和非关系型存储架构的云计算基础平台，重点研究如何有效利用多核技术提高数据并行处理能力，如何快速灵活地部署、监控和调优海量语料数据的并行处理环境，以及如何增强分布式数据存储系统的访问效率。我们相信，该研究成果一定能够推动大规模翻译业务的进一步发展。

二、云计算及大数据基础平台

作为支撑各类语言信息服务功能的基础，通过分布式数据存储和并行数据处理等相关技术，可以构建面向翻译服务的云计算及大数据基础平台（以下简称"翻译云平台"）。

（一）翻译云平台组成

平台在一个服务器集群上构建，整体架构如图3-1所示，主要由数据处理和虚拟执行环境两大部分组成。数据处理部分，首先在集群上部署分布式数据存储子系统，将数据的读写操作进行封装，对外提供虚拟的数据访问接口。数据并行处理子系统通过这个接口访问存储的语料数据，并运行语料匹配服务。平台还提供安全机制对数据进行保护。虚拟执行环境部分，通过部署在服务器集群的虚拟化资源池对计算资源进行监控和调度，在此基础上构建翻译业务虚拟执行环境，通过相应的服务对其进行管理。最后，把语料匹配和业务环境管理服务的调用接口发布到统一的云计算平台，供上层用户使用。

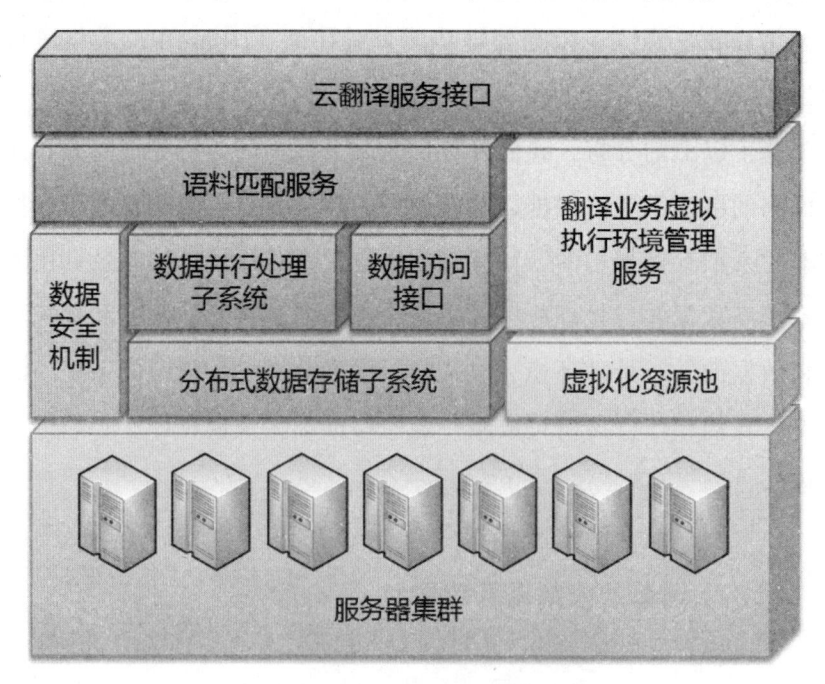

图3-1 翻译云平台基础架构

翻译云平台的主要组成模块包括以下4个。

1. 资源的虚拟化分布式存储

针对术语和语料资源存储的可扩展性和可用性问题，采用分布式非关系型数据存储系统Cassandra来实现语料数据的海量存储和快速存取，以键—值对的形式将数据存储在多个节点上，满足高效的语料访问要求。主要研究包括：（1）数据分发与副本管理机制，为满足海量数据的持久性和高可用性，所有数据根据记录主键进行切分并分发到整个系统中的所有节点，同时每个数据分块在不同节点维护多个副本；（2）数据并行访问接口，为了使MapReduce直接访问Cassandra中的数据，把每个Cassandra存储节点同时改进成MapReduce并行处理模块的Slave节点，并提供相应的数据访问接口。

2. 海量资源匹配的分布式处理机制实现

基于MapReduce模型的一个开源实现Hadoop来构建术语语料资源的并行匹配模块，以实现大量匹配任务的并发执行，主要研究包括：(1) 任务预配置模块，能够根据应用程序的特点以及集群系统的资源自动为用户提供一个合适的参数设置方案，从而在不增加硬件开销的前提下大幅度提高匹配任务的运行效率；（2）数据匹配模块，采用优化的分布式缓存和过滤器来避免大量的磁盘I/O操作，提高术语替换效率；（3）任务追踪模块，通过一个对用户友好的可交互的界面，来反映MapReduce的语料匹配任务运行状况，从而加速定位任务执行的性能瓶颈以及测试最新的调度算法。

3. 服务器节点的监控管理机制设计与实现

对服务器节点的虚拟化计算资源进行监控，在此基础上构建翻译业务的虚拟执行环境管理框架，主要研究包括：（1）利用虚拟化资源池组织维护服务器集群的计算和存储资源，为每一类资源提供一个单一的虚拟资源逻辑视图，并使用部署到服务器或虚拟机的监控代理程序Agent收集各资源的运行状态和使用状况信息；（2）节点的翻译业务虚拟执行环境管理机制，实现虚拟执行环境的模板定制、资源的组织提供和执行环境的具体业务定制；（3）翻译业务虚拟执行环境的资源调度，通过虚拟机的资源动态配置、虚拟机迁移策略以及业务感知的服务实例复制实现业务在不同层次的资源灵活调度；（4）对翻译业务相关服务进行全生命期的管理，包括业务及其相关服务的运行实例的创建、部署和关闭等，同时还研究服务的多副本容错机制。

4. 数据安全的保障机制实现

针对云翻译业务提供术语语料资源等关键数据的安全保障机制，主要研究包括：（1）授权认证机制，通过基于公钥基础设施（PKI）和基于身份认证（IBS）的认证体制实现术语语料共享域的认证体制可扩展性；（2）访问控制和密文数据管理，根据语料资源的共享范围和数据特点实施自主访问控制和强制访问控制机制，并提供不同的数据加密策略；（3）恶意操作及入侵检测，通过云端安全服务器提供在线的数据安全服务，构建包括协同入侵防御、多引擎检测及虚拟机沙盒在内的基于云计算的翻译业务信息安全防御体系。

（二）翻译云平台技术路线

翻译云平台可整合成熟的技术与产品体系，以确保安全性、稳定性和较高的访问效率为基本前提，构建基于虚拟执行环境和数据并行处理机制的翻译业务云计算基础平台。

（三）资源的虚拟化分布式存储

云计算平台的数据资源包括术语、语料、文档的存储与查询，多语种的翻译处理能力等。云平台可以向用户提供对共享数据资源（如术语库、语料库）的查询服务，对文档的人工翻译服务。用户还可以在云平台中购买私有的术语、语料和文档资源库存储能力，这些数据资源既可以独享，也可以作为共享资源开放给云平台中的其他用户。

对于术语库和语料库等数据资源，采用分布式非关系型数据存储系统Cassandra实现分布式存储。云计算平台提供对Cassandra中的数据资源的访问接口，该访问接口要实现基于客户权限的访问控制，包括客户对自己私有数据的存取、查询、删除，客户对共享数据的只读查询等。

在Cassandra中，语料数据记录仅由主键进行访问，所有数据根据主键内容分发到数据中心的所有节点，实现自负载均衡，同时保证服务节点加入/离开系统仅影响到少量数据的重放置，具有高度的可扩展性和可伸缩性。Cassandra为每个数据项在不同节点维护多个副本，以保证数据的持久性和高可用性。系统仅为多副本保证最终一致性，满足海量并发读写需求。

为满足海量数据的持久性和高可用性，所有数据根据记录主键进行切分并分发到整个系统中的所有节点，同时每个数据分块在不同节点维护多个副本。由于数据访问频率差异和节点硬件的异构性，原始的基于P2P架构的一致性哈希算法并不能真正保证数据访问的负载均衡，平台利用一种混合式的系统架构来解决这一问题。数据存取的基本功能建立在P2P架构的基础上：新加入节点以Gossip协议的方式在系统中传播其成员信息；所有节点均实现一个高效的失效检测算法来探测节点故障，并以Gossip的方式传播故障信息。主控节点仅负责数据节点负载信息的收集和副本放置策略的实现。为消除主控节点的单点故障问题，利用一个可靠的分布式协调服务在主控节点故障时重新选择新的主控节点，并将副本和节点的映射信息存储在分布式协调服务中供所有数据服务节点访问。该分布式协调服务可以复制状态机

(Replicated State Machine）方式复制多个服务副本，各服务副本之间通过一致性算法（如Paxos算法）同步副本状态，对外提供可靠的分布式互斥、一致性等服务和稳定的系统元数据存储。

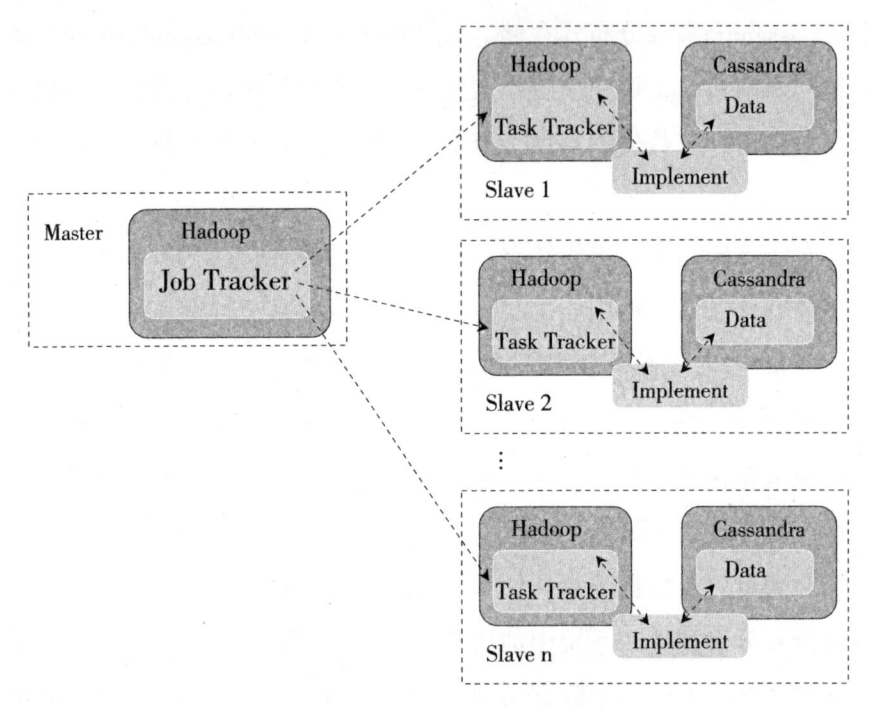

图3-2 Hadoop 与 Cassandra 整合方案

Cassandra的数据是存储在本地磁盘，而Hadoop是基于HDFS文件系统的，为了使MapReduce直接访问Cassandra中的数据，需要对Hadoop和Cassandra进行整合，开发一套Hadoop访问Cassandra的接口。为此，把每个Cassandra存储节点同时改进成MapReduce并行处理模块的Slave节点，另外再添加一个Master节点，通过对Slave节点的操控，管理整个Cassandra集群。在此基础上，设计Cassandra和MapReduce的交互接口，实现MapReduce对Cassandra中数据的访问，包括：
（1）MapReduce对Cassandra的数据插入接口，使得能通过MapReduce

操作Cassandra的数据插入、批量插入、大量数据导入；（2）MapReduce对Cassandra的数据读取接口，使得能通过MapReduce读取Cassandra中的数据并进行直接处理，然后将处理结果通过插入接口导入Cassandra系统中。

（四）海量资源匹配的分布式处理机制实现

采用MapReduce模型对海量术语及语料资源进行匹配，如图3-3所示，分布式处理机制由任务预配置模块、数据匹配模块和任务追踪模块三部分构成。

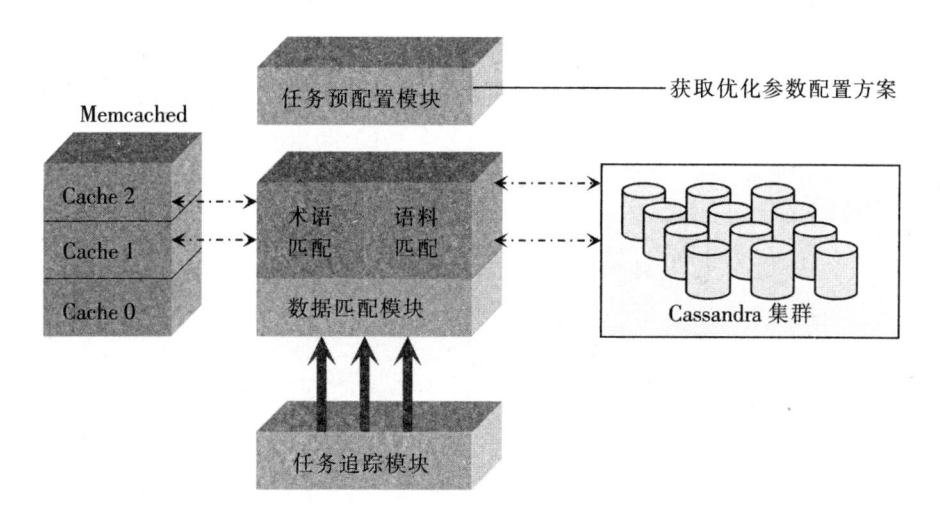

图3-3 海量资源匹配机制模块示意图

1. 任务预配置模块

在一个典型的MapReduce系统中，涉及180个以上的参数用以控制应用任务的运行，据保守估计，有25个参数的设置对任务执行的性能有着很大的影响。然而，目前并没有有效的方法来帮助对这些参数进行调整，以适应任务的具体状况。大多数用户使用系统默认的配置文件，或者根据经验进行设置，并不能使数据处理任务的性能达到较优。

大数据云计算背景下外语学科智慧教学实践平台建设研究

任务预配置模块根据数据匹配任务的特点以及集群系统的资源状况自动为用户提供一个合适的参数设置方案。此功能可以在不增加硬件开销的前提下大幅度提高MapReduce任务的运行性能。总体来说，模块主要包括以下两个部分的功能：

第一，产生各种可能的参数设置方案并对其进行筛选。

第二，预估MapReduce任务在各种参数设置方案下的执行时间。

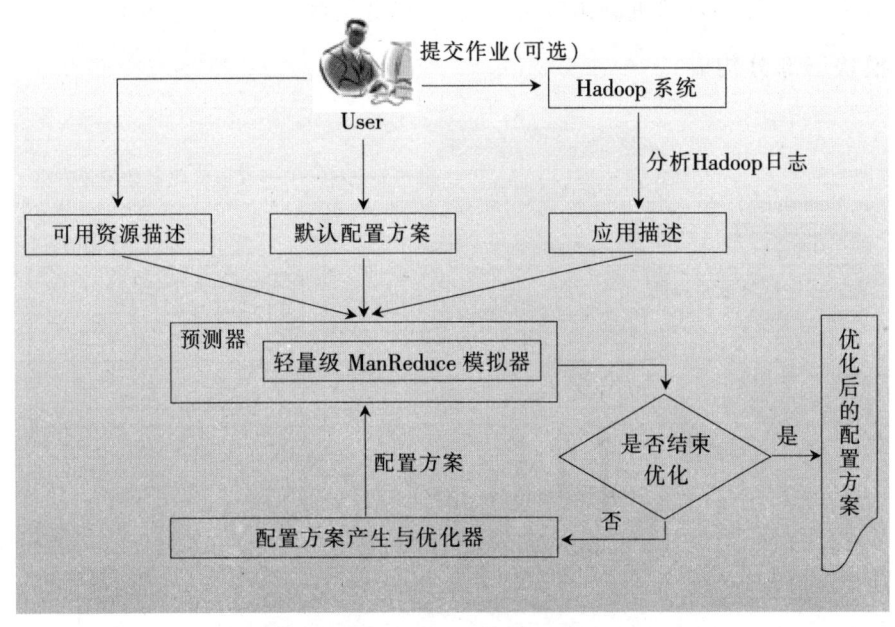

图3-4　MapReduce性能优化过程

如图3-4所示，任务预配置模块工作流程如下：

首先，用户提交系统需要的输入文件（可以是XML格式），包括可用资源描述、默认配置方案（由用户随意选择，或者直接用默认的）。

其次，用户提交作业是可选项，如果Hadoop系统中原来已经运行过该类型的作业并存有历史日志，那么作业提交这一步就可以省去。系统通过对Hadoop日志进行分析得到应用程序的描述。

最后，当系统得到这三个输入文件后启动预测器与配置方案产生器，产生各种可能的参数设置方案并从中筛选出合适的方案输出给用户。

为了在多个候选的参数设置方案中选出合适的方案，需要预估出MapReduce应用程序在这些参数设置方案下的性能，即程序的执行时间，为此我们设计和实现了一个轻量级MapReduce模拟器，基于该模拟器我们可以预测出Hadoop应用程序在某种参数设置方案下的执行时间。

模拟器主要由以下三个部分构成：

（1）MapReduce过程模拟。这一部分的功能是模拟MapReduce程序在Hadoop系统中的执行过程，包括对JobTracker的模拟（Job Tracker Sim）和对TaskTracker的模拟（Task Tracker Sim）。

（2）网络模拟。这一部分的功能是模拟在MapReduce程序运行过程中，集群各个节点间的通信。为了加快模拟器的速度，这里采用相对简单的基于流的网络模拟。

（3）磁盘模拟。这一部分的功能是模拟MapReduce程序运行过程中的磁盘I/O。为了加快整体的模拟速度，这里采用简单的磁盘模型。

模拟器的输入为用户提交的三个文件，包括输入数据的分布、集群的网络拓扑以及为运行该应用程序分配的资源。经过一系列的模拟过程，输出应用程序的运行时间。

2. 数据匹配模块

数据匹配模块的功能是对海量资源中的词组和句子在术语库和语料库中进行匹配。匹配模块的输入为要进行术语和语料匹配的文档，MapReduce将大文档分块之后，在每个Map任务维护一个对数据资源的链接，基于对目标语言的分词模型，对当前分块中的语言进行分词处理，并在术语和语料库中查询是否有对应的匹配。

根据术语库较小（约10G）的特点，可以采用Memcached实现分布式缓存进一步优化，即把术语库看作MapReduce任务的静态全局资源，直接存放在内存之中，如图3-5所示。

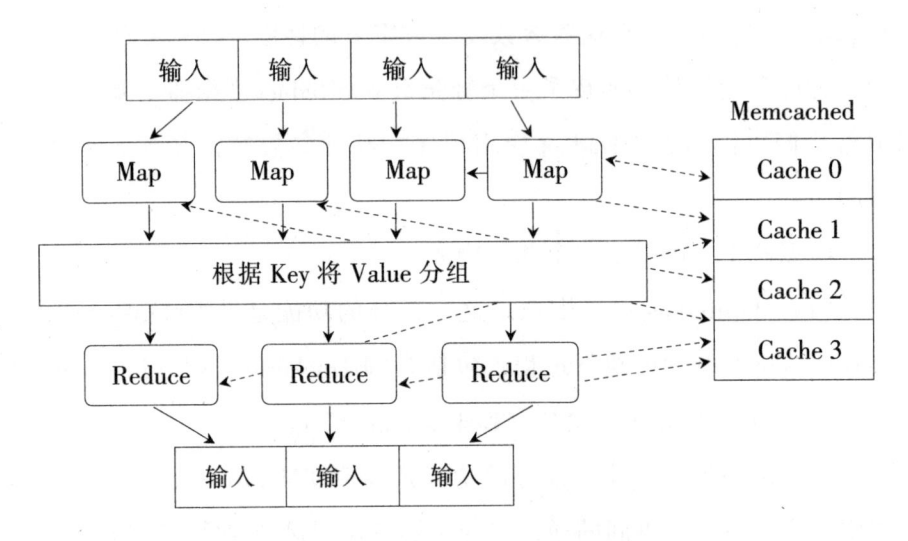

图3-5　MapReduce术语库替换机制

系统首先将Cassandra中的术语库全部导入Memcached中以后，如果术语库在Cassandra中有更新，就再从Cassandra导入Memcached中。由于Memcached是一个基于键值对的面向高并发的分布式缓存系统，我们可以在每个Map和Reduce任务中维护一个对Memcached的连接，当提取出一个术语时，直接向Memcached连接发送查询请求。由于Memcached是将键值对维护在内存之中，避免了Cassandra从磁盘中读数据，因而将大大提高术语替换的效率。

为了提高语料库的查询速度，使用布隆过滤器（Bloom Filter）过滤掉大量不在语料库中的语料，以此减少Cassandra的查询请求，提高查询速度。初始阶段，在Hadoop中建立一个对语料库的全局布隆过滤器，如果一个句子在语料库中，布隆过滤器将总是返回true；如果一个句子不在语料库中，布隆过滤器以极低的误报率返回false（若返回true，该元素也有可能不在数据集中，但若返回false，则一定不在数据集中）。因此，当布隆过滤器返回true之后，Map任务再向Cassandra发起查询请求；而如果布隆过滤器返回false，Map将直接抛弃当前语料，对下一个语料进行操作，这样就大大减少了Cassandra的查询负担。

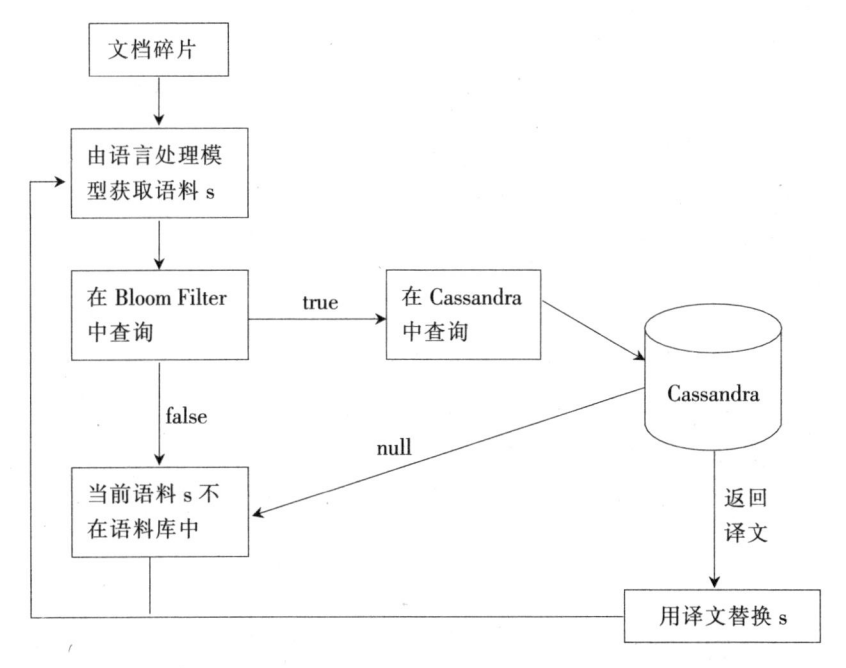

图3-6　使用 Bloom Filter 优化语料查询

3.任务追踪模块

设计一个对用户友好的可交互的程序，来反映MapReduce的任务运行情况，从而加速定位MapReduce程序的瓶颈以及测试最新的调度算法。实时追踪分为三个不同但是相互影响的视角：数据视角、MapReduce单点视角、MapReduce分布式视角。

任务追踪模块包含三层：Hadoop层（追踪层）、RPC通信层和追踪客户端层。追踪客户端都停留在展示层而其他想增加追踪点的开发人员需要对三层都进行修改。

（1）Hadoop层。这一层对Hadoop本身增加了三个模块：一是注册服务器模块，这个模块随着主进程的启动而启动，然后进入监听状态，接受追踪客户端的注册和离开指令。这个模块是T-Agent模块的基础。二是追踪代理模块，这个模块可称为探针或传送模块，它收集追踪信息，并把这些信息发送给在注册服务器上的所有客户端。三是追踪服务模块，这个模块用于客户端的主动询问，特别是客户在UI交互的时候对现在Hadoop情况的状态询问。

（2）RPC通信层。这一层包含很多个通信协议，借用和修改了Hadoop内置的RPC机制来满足我们实时追踪的需要。

（3）追踪客户端层。这一层包含两个模块：一是追踪接收模块，这个模块负责收集发送到这个模块的所有追踪信息并对其汇总再传送到下一个模块；二是GUI模块，用来展示。

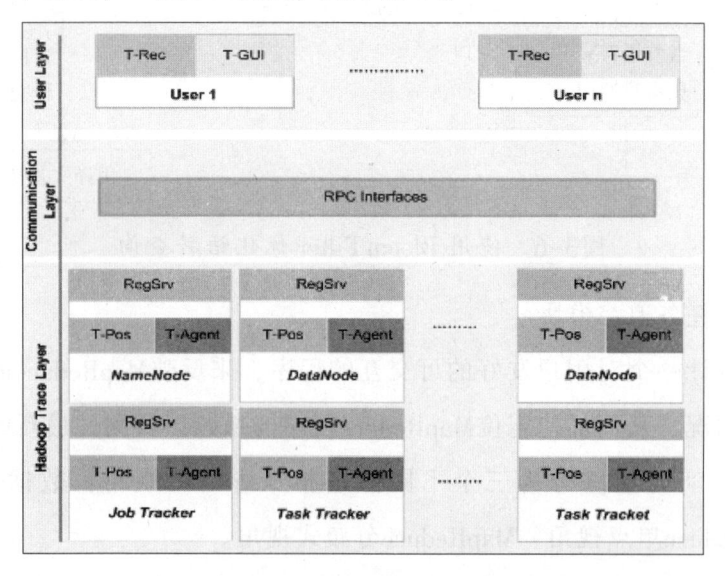

图3-7　MapReduce任务追踪模块

观测点在MR-Scope中是一个很重要的概念,它代表的意义是这个地方发生了很大的状态变化。观测点也为增加新的追踪功能提供了方便。

(五)服务器节点的监控管理机制设计与实现

平台使用虚拟化技术整合服务器计算资源,提供统一的资源共享与调度,在此基础上,以虚拟机为各类用户提供独立的翻译业务执行环境,并对所运行的云翻译服务进行管理。如图3-8所示,平台首先在服务器集群上部署虚拟化资源池,用于监控各节点的虚拟计算资源。然后,通过虚拟执行环境构建、资源调度和服务管理这三个模块来实现对翻译业务虚拟执行环境的管理维护,并通过服务接口向上层开放。

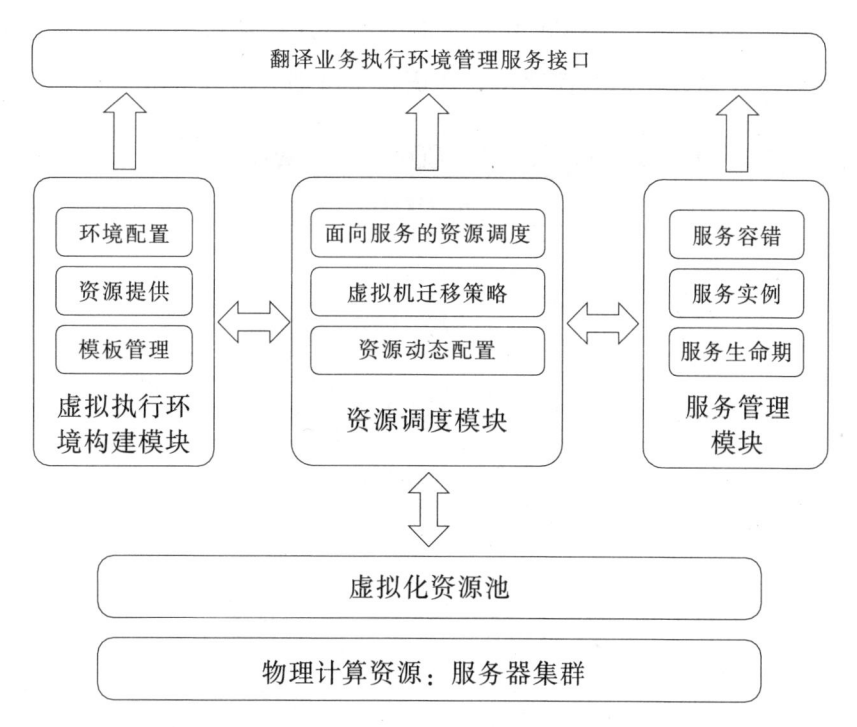

图3-8 基于虚拟化技术的翻译业务虚拟执行环境管理框架

大数据云计算背景下外语学科智慧教学实践平台建设研究

1. 虚拟化资源池

虚拟化资源池组织维护云计算基础平台的计算和存储资源，为每一类资源提供一个单一的虚拟资源逻辑视图。服务器集群包含CPU、内存、存储容量、网络地址等计算资源，由于平台涉及的硬件、软件资源不仅种类繁多，而且相互之间存在复杂的逻辑关系，因此需要建立结构化的资源体系，采用分布式目录结构描述包括资源位置、类型、关系及访问方式等在内的资源特征，将分布系统中的用户与资源组织起来，允许用户透明地感知平台上的资源。虚拟资源池在数据收集和呈现之外加入了数据分析和事件管理功能，对监控得到的实时和历史数据进行分析，预测下一阶段的资源状况或者给出当前系统的某些诊断意见。

如图3-9所示，虚拟化资源池采用了监控代理收集信息，中心服务器处理存储数据的监控架构，在逻辑上可划分为以下四个模块。

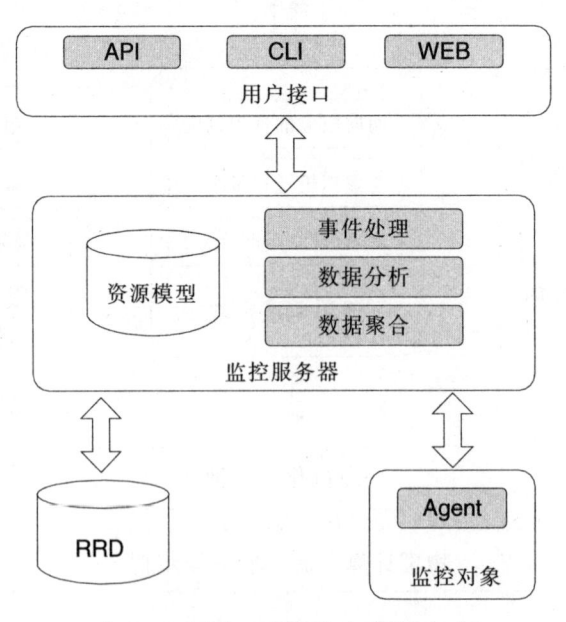

图3-9 虚拟化资源池监控机制

（1）Agent是部署到监控对象上的监控代理程序，负责收集监控对象的各类状态信息。通过将Agent部署到虚拟机内部，实现灰盒式的监控，可以获得更详细的状态信息，并可以进一步实现对应用的监控。Agent的设计确保轻量化、可配置性和可扩展性。一些分布式系统的监控方案将监控数据在被监控主机本地存储，而在本方案中，Agent只负责收集数据和发送数据到中心服务器。收集具体指标数据的程序被定义为模块，经过简单配置，Agent可以与不同的模块装配，从而对应不同的监控对象。另外，Agent的数据收集模块易于扩展，可以方便地增加新的监控指标。由于大量云平台资源存在较大的动态变化，需要引入高效的监控信息传递机制，满足局部资源状态的及时更新，以及全局资源视图的一致性。

（2）监控服务器是监控系统的中心模块，负责维护整个系统资源的模型，聚合Agent收集到的监控数据，对数据进行分析处理。资源模型相当于资源的元数据，记录了各个资源部件的各类属性及资源部件之间的相互关系。监控服务器与资源调度器交互实时更新该模型，通过维护资源模型信息，解决了虚拟资源动态变化给监控带来的难题。数据聚合模块监听和接收Agent发来的原始监控数据，并按照数据来源和数据类型聚合数据。聚合后的数据进入数据缓存和RRD存储。数据缓存用于对数据进行分析，根据预定义的过滤规则发现异常并触发相应事件。事件处理模块执行被触发事件的处理过程。

（3）使用开源数据存储工具RRDTool存储监控数据。相比其他数据库方案，RRDTool将数据存储在文件，读写更加高效，且自动循环存储空间不会出现数据存储不断增大的情况。

（4）虚拟资源池提供三类用户监控接口：基于Web Service标准的

API、命令行接口以及Web图形化接口。针对不同的用户角色提供不同的信息可见度：管理员用户可以查看全部监控信息；而普通用户只能获得自己使用的资源或服务的信息。为了便于管理者理解资源和应用的关系，监控接口提供三类视图：物理机—虚拟机视图、用户—虚拟机视图、应用—虚拟机视图，将物理资源、虚拟资源和应用三个层次联系起来，以Widget的形式提供事件通知、状态曲线图、资源信息等分类信息，提供用户可以自定义的监控面板。此外，用户还可以直接通过Web界面定义新的事件。

2. 虚拟执行环境构建模块

虚拟执行环境构建模块主要进行云翻译应用运行环境的资源获取和环境部署。使用虚拟机镜像来保存系统模板，基于COW增量镜像创建虚拟机，并提供软件自动化部署工具，从而方便、快速地为用户构建运行服务所需要的计算环境。虚拟执行环境构建模块主要包括以下三个部分：

（1）模板管理。维护服务执行环境模板库，利用虚拟机镜像模板可以方便地为用户提供预设的执行环境，并快速部署在云计算平台。模板管理涉及模板的定制与发布、模板镜像的增量版本控制、模板的描述，以及副本定位等机制。用户根据服务的环境需求，从系统模板库里选择合适的操作系统镜像。

（2）资源提供。根据虚拟机资源需求配置，分配定量的计算、存储等资源，启动虚拟机。用户提交环境部署请求时，根据不同的服务类型和优先级，按照资源预留、立即提供和尽力提供等原则提供相应资源，以满足服务的执行需求。资源匹配算法根据需求参数寻找满足要求的可用资源，从而快速准确地从资源池中选取合适的资源。

（3）环境配置。虚拟机启动后，根据服务运行要求自动对系统软件环境进行配置，包括软件的安装与配置、运行库的依赖解析和动态加载、运行环境的批量构建，以及服务的快速部署等。

为了提高虚拟执行环境的构建效率，针对虚拟机特点，平台采取基于虚拟机内存模板的虚拟机快速生成部署机制。虚拟机快速部署模块将内存快照作为一类有具体应用的虚拟机的模板，从内存模板上直接唤醒很多运行状态的虚拟机，摒弃从磁盘镜像上去创建虚拟机的方法，不需要再去等待虚拟机操作系统缓慢的系统启动时间，实现服务环境的快速构建。

3. 资源调度模块

资源调度模块根据翻译任务的实时需求动态地调度底层资源，从而在保证服务的前提下提高资源利用率，降低任务的运行成本。资源调度模块主要包括以下三种机制。

（1）资源动态配置

通过底层的虚拟化基础架构为每一个翻译任务提供一个虚拟的执行环境，并根据任务的资源使用状况，对运行任务的虚拟机的资源配置进行动态调整，其目的是给虚拟机分配合适的CPU、内存等资源，在满足任务对资源的需求的同时，尽量保留空闲的资源，从而支持未来新部署的服务。资源调度模块通过资源池掌握实时的总体空闲资源，并基于对虚拟机的资源使用状况的监测，结合虚拟机资源消耗的历史记录，预测一段时间内任务对资源的需求，然后根据一定的分配策略对虚拟机的可用资源进行细粒度的合理配置，以适应不断变化的工作负载。

（2）虚拟机迁移策略

利用服务器合并技术，将多个虚拟机部署在一个计算节点上，从而提高单个计算节点的资源利用率。然而,由于翻译任务请求随时间而变化,虚拟机的资源利用率也不是固定不变的。一方面,当一个计算节点的总体资源不够时,势必造成这个节点上的虚拟机之间产生资源争用。这时候需要将一部分虚拟机迁移到其他负载较轻的节点上,以平衡计算节点之间的负载。另一方面,当数个计算节点上的虚拟机资源利用率都不高的时候,这些节点的空闲资源较多,可以把虚拟机迁移到一个节点上,实现减少资源碎片,提高资源利用率和节能的目的。

(3) 面向服务的资源调度

在基于虚拟化技术的云计算平台上,翻译业务以服务的形式对外发布。一个服务可以生成多个服务实例,这些服务实例彼此之间相互独立,当用户请求某个翻译服务时,平台会选择一个服务实例来执行用户的请求。面向服务的资源调度机制根据服务请求的增加,在合适的计算节点上创建新的服务实例,从而增加了服务可调度的资源,实现服务的动态扩容。当有多个服务实例时,数据中心根据每个实例的负载状况,将用户请求转发到合适的服务实例。当服务请求减少时,也可以将空闲的服务实例销毁,避免消耗多余的资源。

4. 服务管理模块

服务管理模块主要执行翻译业务相关服务的注册、发布、定位等生命期各阶段管理任务,并对服务运行的可用性提供保障。

服务的生命期包括服务的注册、服务实例的创建、服务实例的运行、服务实例的销毁和服务的卸载等过程。服务管理根据服务请求状况随时间的变化,决定服务进入哪个阶段并进行相应的处理。数据中心一个很严重的问题是运行服务的虚拟机泛滥,造成对计算资源的过量占用和浪费。通过服务生命期管理,在服务部署阶段,开发者提交的服务以模板的形式保存在服务仓库里,然后根据用户的请求创建服务实例。服务仓库依据服务产生的实例数来管理服务模板,当一个服务长期没有创建服务实例时将自动卸载。服务实例运行时,根据服务质量要求控制服务实例最多可以创建的个数。最后,随着服务请求的减少,自动删除服务实例,对废弃的、长期闲置的虚拟机进行资源回收。

当云计算基础平台的某个节点出现故障时,必须有容错机制保证在错误发生时服务运行的连续性和数据的完整性,否则,将会由于服务或数据的失效造成损失。云翻译服务的可用性主要体现在服务的容错机制,针对不同层次的错误,主要实施以下的容错策略。

(1)当底层硬件发生错误时,使用热迁移技术将可能出错的物理节点上的虚拟机提前迁移到稳定健康的物理节点上,保证了虚拟机内服务的继续运行。

(2)针对单个虚拟机,可以提供异步方式的快速检查点容错机制。通过设置检查点对服务运行状态进行连续保存,当虚拟机内部出现程序错误时,立即恢复到最近的运行状态,从而避免服务因错误导致的失效和中断。

(3)处理多个互相关联的服务的协同容错,利用虚拟机之间的状态同步协议进行协同检查点的保存,从而维护整个服务群组的一致性运行状态。采用心跳检测的方法发现出错的服务,然后通知群组内的所有服务所在的虚拟机,将状态统一恢复到上一个协同检查点。

(六)数据安全的保障机制实现

1. 授权认证机制

基于Kerberos协议的域内管理及域间通信管理,针对平台的术语语料共享机制实现面向用户或属性的域划分和管理构架，进而实现基于域的认证体制可扩展性。拟研究以下两种不同的公钥体制实现基于签名的用户认证。

（1）基于公钥基础设施（PKI）的认证方式是目前常用的公钥认证体制。该认证体制采用在线集中式的管理方式，使管理者对整个系统的运行，特别是认证环节，具有良好的监控，但也增加了认证系统运行中的时间和通信开销。其实现主要以RSA算法为主，但在计算能力成倍增加的现在和未来，增强RSA算法的安全性将增加系统认证算法的开销，因此考虑采用基于椭圆曲线且具有良好安全性扩展的认证算法实现PKI认证体制，相比于RSA算法，该算法的安全性扩展较少地增加了认证算法的时间开销。

（2）基于身份认证（IBS）的公钥认证体制。该认证体制采用非在线的管理方式实现认证，因此管理者对整个系统的运行并不采用实时的管理方式，较大程度上减少了认证过程的时间开销。而且该认证体制可以采用用户的身份或属性信息作为公钥，进一步降低了管理负担。其主要实现两种不同类型的椭圆曲线，它们在可扩展安全性、通信开销、时间开销方面各有优势，因此针对本项目选取适应性较强的类型亟待研究。认证体制中私钥的终端管理是实际应用中安全性的主要威胁，针对平台的实施环境和安全性需求，拟研究两种终端管理方式：基于口令或生物特征的软件实现，该方式在用户终端实现小型的个人私钥管理保护私钥的安全性，并以口令和生物特征方式授权私钥在终端的使用，该方式实现成本低，但安全性相对较差；基于口令或生物特征的硬件实现，该方式采用专有硬件实现个人私钥的管理，较好地保护了私钥的安全性，并且私钥具有便携性，使用户可以在任何终端安全地使用该私钥，相对地，该方式成本较高。

2. 访问控制和密文数据管理

在签名的认证体制基础之上，结合语料资源数据类型实现基于认证授权的多种访问控制机制。平台将术语语料资源分为普通资源和保密资源。对普通资源，依据自主访问控制方式，例如，基于角色的访问控制。对保密资源，在实现强制访问控制的同时，实现数据的加密存储。依据数据的传递方式实现不同类型的数据加密：对非共享的加密数据，采用数据拥有者自主选取的对称密钥和对称加密算法实现数据加密，云端仅提供存储和强制访问控制服务；对共享的加密数据，实现基于属性加密或代理重加密的数据共享，前者的管理体制较为复杂，需要同时考虑认证体制和该共享方式的高效兼容问题，但该体制具有较好的可扩展性和管理；后者的实现较为简单，但较大地增加了云端的计算开销，特别是密文数据较多时，性能降低明显。因此，在具体实施方案中，将依据不同语料资源的数据特点适应性地采用上述两种技术，以实现较理想的性能和灵活的管理。

3. 恶意操作及入侵检测

依据检测与防御相分离的思想，采用专门的云安全服务器为各终端/服务器提供在线安全服务。一是针对所有终端的入侵报警信息，云安全服务器对报警信息进行聚类和关联，提取攻击的特征，并生成防御规则。二是云安全服务器采用多种检测引擎对终端提交的可疑文件进行并行检测，当多种引擎的检测结果不一致时，采用有效的方法进行综合决策。三是针对综合决策的结果仍然无法判断的程序，将可疑程序在终端的执行行为重定位到云安全服务器进行分析，从而避免对终端造成破坏。

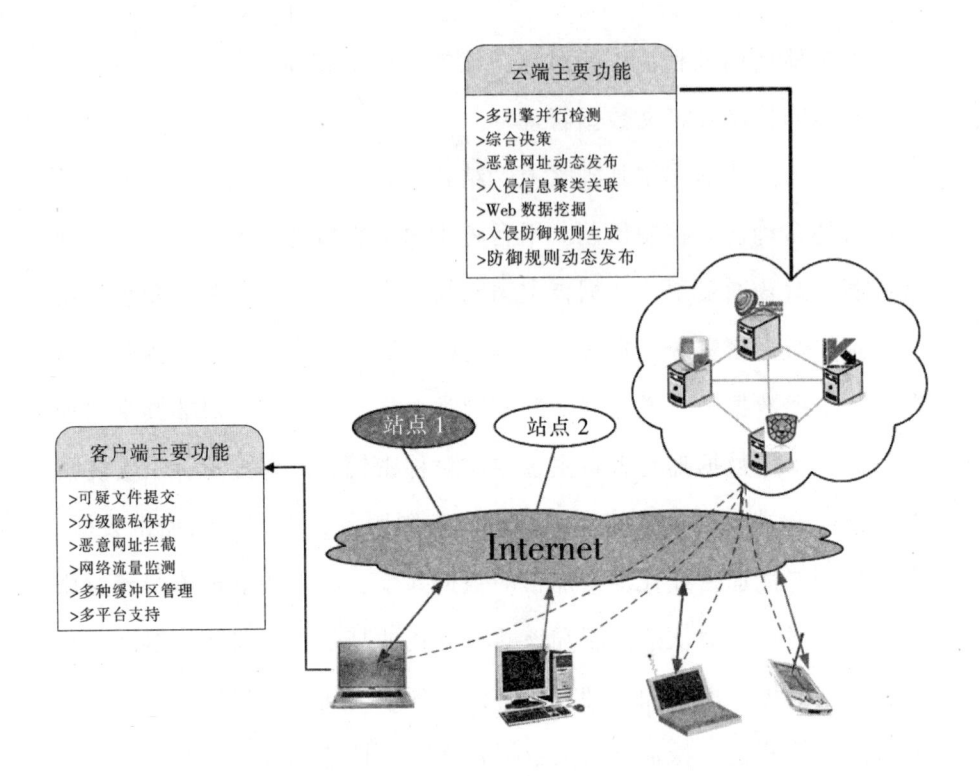

大数据云计算背景下外语学科智慧教学实践平台建设研究

图3-10 基于云计算的信息系统在线防御系统框架

图3-10是基于云计算的信息系统安全防御系统框架，信息系统终端只需要安装轻量级的客户端，而云安全服务器完成大部分的工作。信息系统终端只包括入侵检测模块、文件访问拦截模块和网络访问拦截模块。信息系统终端向云安全服务器提供入侵报警信息，云安全服务器通过聚类和关联产生检测规则，并发布最新的入侵防御规则，实现了协同入侵防御。当信息系统终端访问文件时，云安全服务器采用大量虚拟机来并行检测程序样本，采用数据挖掘的方法提取程序特征，这种方式可以尽早发现病毒特征，并为其他信息系统终端提供保护。云安全服务器只需检测一次，而检测结果可以被所有信息系统终端共享。当病毒检测引擎不能判断可疑程序时，云安全服务器创建虚

拟机模拟执行该程序，从而提取其行为特征，对信息系统终端不产生影响。

(1) 协同入侵防御

平台在多个终端上收集入侵信息，采用聚类关联进行入侵信息的关联决策。协同入侵检测的目的是充分考虑攻击行为的特征和网络安全的整体性与动态性，从而不仅提高对单一入侵的检测率，同时增强对协同入侵的检测能力。主要包括入侵信息的聚类技术，其根据入侵报警信息之间的时间相关性、源/目标地址相关性构造报警簇，并归并这些报警簇，报警聚集技术可以减少关联的工作量，从而大大提高关联效率；入侵信息的关联技术，将有可能相关的报警信息通过一系列相关函数的处理，识别正在进行的入侵意图。关联技术对经过聚类后的报警数据记录进行处理，并产生描述入侵趋势的入侵计划候选集。同时，为了检测一些未知的攻击和一些已知攻击的变体，在关联技术中引入基于数据挖掘的Bayes决策模型。

(2) 基于多引擎的可疑文件检测机制

由于单个引擎不可能对可疑文件进行全面的检测，因此采用多种不同类型检测引擎进行并行检测。当多种检测引擎对单个可疑文件进行检测且结果不一致时，要进行综合决策。

平台采用云计算模式架构，终端仅保留轻量级的截获模块，当用户打开某一文件时将文件上传到云安全服务器，利用云安全服务器部署的多个杀毒软件进行并行独立检测，并采用D-S证据理论算法对各引擎的结果进行综合决策，如果能确定结果，则将结果返回到客户端执行相应操作。云安全服务器采用多引擎，保留了特征码检测的高效率，也充分利用了云安全服务器强大的处理与存储能力，减少了客户端的资源消耗。

(3) 基于虚拟机的可疑程序行为分析

随着恶意代码越来越复杂，如采用加密、自动变形等以逃避检测，传统的人工对恶意代码实施反汇编和逆向的方法无法赶上恶意代码的产生速度。对自动产生的恶意代码必须自动且有效分析，即无须用户干预就能快速产生详细的恶意代码分析报告。报告必须能被分析程序识别，以便对恶意代码自动产生响应。在云安全服务器的多种检测引擎无法确定结果时，实施自动化动态分析可疑程序的行为，即终端不必运行检测程序，也不直接运行可疑程序，而是可疑程序在云安全服务器模拟的用户环境（虚拟机）中自动执行。

（七）翻译云平台重要应用技术

1. 翻译流程控制技术

采用自动化工作流技术，对翻译业务的过程进行清晰的角色职能分工，并可以在任意节点对翻译任务进行进度监控和质量监控。在翻译任务流转的过程中采用自动化流转+人工干预的方式，实现翻译业务管理的工业化生产模式，从而解决翻译生产中最难以标准化的翻译流程控制的问题。

2. 语料分享技术

基于云计算技术将所有术语语料统一存储在网络端，并提供交换分享平台，用户可以快速找到自己需要的术语语料，在授权后即可使用。这种模式可以使术语语料得到更加充分的应用，同时也弥补了个人和小团队术语语料积累不足导致的复用效果差的问题。

3. 多语资产管理技术

多语资产管理主要体现在两个方面：一个是对当前已经多语化的数据资源管理，另一个是对多语数据资源的利用。已经翻译过的资料统一保存在服务器中，可以随时随地进行查阅和精确地控制管理，同时还提供了辅助阅读、辅助写作等工具以充分挖掘多语数据资产的价值。

4. 在线协作技术

利用先进的互联网技术和模式，翻译工作者可以在翻译过程中实时地使用其他合作者的翻译成果，也可以针对翻译中遇到的问题进行交流沟通，积累翻译知识，脱离"孤岛"状态，提升翻译团队的整体能力及处理效率。

这是探索在翻译技术之上采用云计算架构实现语料、译员资源的分布式部署和匹配处理，通过碎片化技术解决翻译任务分布式处理的技术瓶颈，同时也是云翻译服务平台最重要的研究方向和实现目标，关系到能否实现云翻译平台的预期目标。

本技术的关键，不只是针对云计算技术的研究，也不是单纯针对翻译技术的研究，而是基于这二者建立新型翻译业务模式（和语言信息服务模式）所涉及的关键技术环节，其技术难点体现在如何将云计算的虚拟化技术运用到翻译云上，从而调动网络资源，实现碎片化、多端化处理。本技术主要包括以下几方面。

（1）稿件的自动分类、碎片化拆分和合并的技术实现，以及质量控制技术方法，这是实现"碎片化"云翻译过程控制、保障翻译业务实现快速支付能力的核心环节。

（2）在云计算架构基础上实现翻译语料库的网络存储和分布式匹配处理，并实现快速的相似句匹配算法，这是实现云翻译处理过程中的语料资源应用的关键环节。

（3）在分布式部署基础上实现术语内存快速索引，将术语的基础信息按照BTree的方式直接保存在内存中，获得很好的查询性能，尤其是相近术语的检索。

（4）根据确定的规则和知识资源，以及可人工干预的有效流程，实现翻译自动化和半自动化的质量筛查，这是进行海量翻译业务质量监控的保障。

（5）嵌入式的辅助翻译技术，支持移动终端上的及时辅助翻译，并可充分运用术语语料资源以及机器翻译辅助来实现快速、方便、高质量的翻译作业。

（6）在技术上实现专业术语和语料的自动化搜集积累和筛查，充分满足专业化翻译的需求。

（八）多语信息处理中的大数据

在多语信息处理领域，术语语料大数据一直以来在众多的重要科学研究和应用研究中扮演着重要角色。一方面，研究机构及学者将语料库和术语库作为研究中统计分析的主要数据样本、智能系统学习训练的素材，甚至是整个研究进程的主要驱动，但构建或获取"大数据""高质量"的术语语料库也成为很多研究者难以逾越的一个门槛，限制了很多研究者的参与和研究成果。另一方面，针对术语语料库的一些基础算法已经相当成熟，但由于相关算法的实现和不同术语语料库的物理结构逻辑结构密切相关，使得研究者们在各自的研究过程中不得不进行重复劳动，搭建一些基础的算法工具和平台。目前，国内外各种行业、类型、结构、语种的术语语料库已经建立了很多，但一直缺少一个翻译处理领域拥有海量数据、多语种对照、面向应用和研究开放的术语语料库。

"语言知识库平台"是一个聚集多语对照的基础多语大数据并采用数据分析挖掘等技术提取、发现、沉淀潜在语言知识的平台，同时也是对已经积累的有效基础数据、基础算法、二次开发环境提供公开访问接口的平台。该平台的建设和发展可以大大降低行业内研究者的研究门槛和重复劳动，让所有研究者将精力集中到核心问题本身，对翻译技术及语言处理研究本身有极大的推动和促进作用。

"语言知识库平台"在数据的积累过程中充分与翻译的实践活动相结合，以开放应用接口的方式与业内流行的翻译系统、工具结合，充分拓展术语语料文档等数据的来源，同时在应用的过程中不断收集积累反馈信息，并区分数据的质量信息和应用场景化信息，使得数据积累过程不是单纯的数据堆叠，而是根据应用反馈不断丰富调整数据内容、质量等级等参数，使得数据本身拥有自我"新陈代谢"的能力，为后期的数据分析挖掘积累充分的参考数据。多语大数据平台系统整体逻辑结构如图3-11。

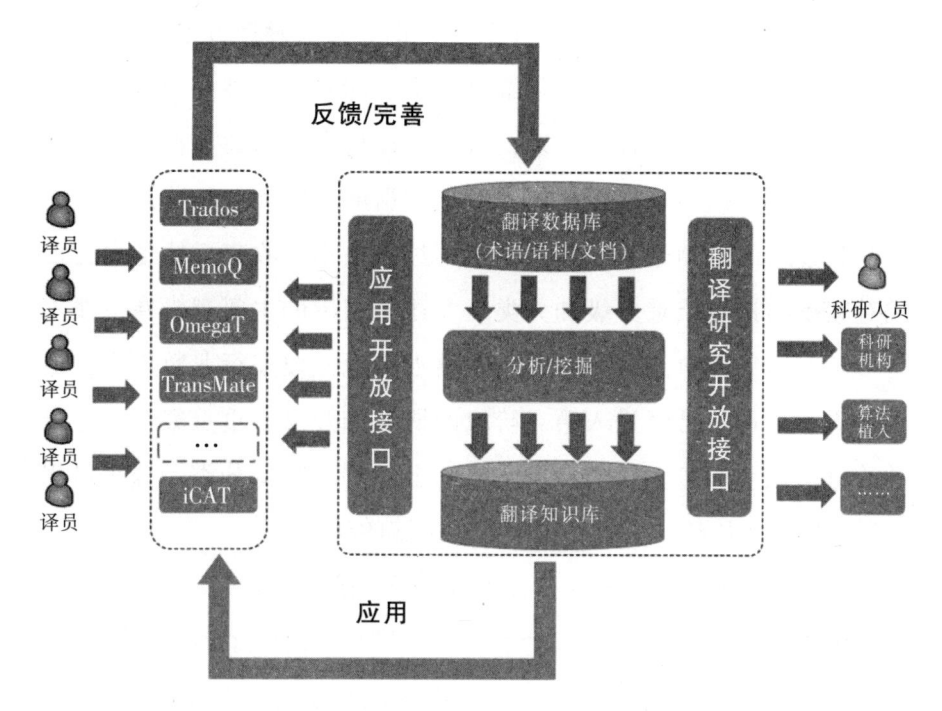

图3-11 多语大数据平台系统逻辑结构

目前，整个平台建设一期基于术语语料的系统已经在线运行，并与传神的语联网以及部分第三方翻译系统对接，形成了术语语料数据的积累、应用、分享的流转体系，建立了稳定的数据收集来源。平台的二期也已进入设计和技术预研阶段，将逐步优化完善对外接口，充分整合领域内的生产、研究资源并为其提供支持，从而推动整个行业生态的良性发展。

平台主要组成部分如下。

1.海量数据互联网聚集策略研究及实施

语言知识库得以构建的基础就是海量的术语、语料及文档数据，如何快速聚集、自动分类、分级（质量）成为该项研究内容的核心。主体策略以语联网译员端产品为核心，为翻译个人、翻译团队、翻译公司提供翻译环节的用户端工具，协助其解决翻译过程中的质量、效率、成本问题，形成一体化解决方案。同时，与翻译个人、翻译团队、翻译公司建立合作关系，将翻译过程中产生的数据存储在云端，并建立数据共享交换机制，促进数据的汇集和使用范围，进一步刺激数据的主动聚集。在数据使用过程中不断收集反馈信息，形成对数据的初步质量分级和分类。上述机制中的主要逻辑在上线不足半年即聚集语料近千万句对，术语近亿对，覆盖行业数十个，近十个语种，目前已经进入第二阶段的研究和开发，重点聚焦内容分类的自动化和质量分级的自动化研究上，要求降低分类、分级对用户反馈信息的依赖，以提升数据清洗沉淀的效率。

2.语言知识的学习及挖掘技术研究及实施

该项内容是"语言知识库平台"的核心，决定了整个平台的应用效果和价值。目前已经针对平台内容进行了初步的挖掘和清洗，形成了词汇搭配建议、一词多义建议的分析与挖掘，经测试，对机器辅助翻译效果有了较为明显的提升。随着机器自动翻译研究的开展及技术合作，在语言知识学习与挖掘上将增加语义、语境的内容，使机器翻译辅助中智能建议的准确性和有效性得到大幅提升。

3. 大数据分布式存储及匹配技术的开发

海量数据的存储、分析、匹配，总体存储量以及单次请求的计算量和关联数据量非常大，为了在保障对外匹配服务接口及时响应的同时尽量满足查准查全的效果，引入分布式计算框架作为基础，实现分析匹配服务的分布式流计算处理引擎。在分析匹配计算引擎的外围建立计算节点的监控管理体系，以保障系统对外服务的持续性及物理节点的动态扩容，在系统任意节点失效时都可以保证不中断系统对外服务。目前整体框架基础已经搭建完成并基于框架实现了术语语料匹配的基础引擎，在近亿条数据的基础上单词请求响应时间在200毫秒内。下一步将针对目前的引擎进行结构优化，增强数据的承载容量和对外服务的并发量，以期能够支持PB级数据及万级的并发支持，同时可以通过服务器的简单堆叠实现系统动态扩容。

三、翻译云教学实训平台

（一）翻译云教学实训平台的作用

翻译云教学实训平台的建立将改变传统的教学模式，推动高校教学模式的创新。翻译云教学实训平台在实训活动中设置的流程和工作内容均来源于实际工作岗位，实训过程中重点锻炼的技能和知识均是针对具体工作岗位而设计的，还可根据教学目标和学生的实际能力设置实训任务的内容和难度。

与传统教学模式相比，该平台在高校的运用不仅推动了教学模式的创新，更促进了"产学研"一体化的进程。在促进"产学研"一体化进程中翻译云教学实训平台的作用如下。

大数据云计算背景下外语学科智慧教学实践平台建设研究

1. 缩短了师生和翻译企业之间的距离，提高了学生的求职竞争力

翻译云教学实训平台是集生产、教学、研究三位于一体的完整解决方案。师生除能够利用实训平台开展翻译教学和实训活动之外，还可以在平台之上完成实际翻译项目的生产活动。该平台将真实的企业实习机会输送到师生面前，进一步缩短了师生和翻译企业之间的距离，从而提高了学生的求职竞争力，有效解决了翻译及相关专业的就业问题。

2. 为翻译产业提供更多的人力资源，促进翻译行业的信息化发展

除了翻译项目，高校和企业还可在平台的支撑下进行横向课题研究、共建语料库、共建校企联合实验室，从而为翻译产业提供更多掌握现代技术的人力资源，直接促进翻译行业信息化发展。

3. 有利于加快经济发展方式的转变，促进区域经济协调发展

21世纪，全球化已成为世界经济的主要趋势，翻译服务是典型的智力型服务业，需要大力培养能够提供优质的语言转化服务的劳动者。通过翻译云教学实训平台可以提高高校毕业生就业能力，有利于加快经济发展方式的转变，促进区域经济协调发展，优化外贸结构，提高利用外资水平，对全面贯彻落实科学发展观，实现"保增长、扩内需、调结构"的目标具有重要意义。

4. 顺应了国际化教学"产学研"相结合的时代潮流

教育国际化是世界教育发展的时代潮流，是实现教育现代化的内在要求，也是培养具有国际化人才的必然选择。纵观国外高等院校在培养创新型人才时所采用的新手段和新方法，及其背后所体现的新型教育模式和机制，就会发现国外的高等院校已从教学载体以及教学方式等方面做出尝试，建立了一套系统化的"产学研"一体化的教学模式。

因此，通过打造"翻译云教学实训系统"，可以让外语教学的模式创新在全国高等院校中起到示范效应，从而推动其他学科教学模式的变革，使我国的高等教学模式能够与国际优秀高等院校对接。

(二) 翻译云教学实训平台的意义

翻译云教学实训平台是集生产、教学、研究三位于一体的完整解决方案，因此，在未来的教学中大力推广，将会具有广泛的社会意义。其主要意义有如下三个方面。

1. 辅助教师开展翻译教学和实践活动，为社会培养更多的专业翻译人才

翻译云教学实训平台适用于翻译工作和相关工作的教学和实训活动，以翻译团队和实际翻译项目为参考、设计并实现符合"任务驱动模式"，以情景模拟和角色扮演为特点的"翻译实训平台"。平台通过辅助师生开展翻译实训活动，提高学生的竞争力，让即将从事翻译工作或相关工作的学生快速掌握实战技能，积累项目经验，努力成为实践型人才。

2. 强化学生熟悉商业项目的运作和处理流程的能力，加速翻译产业的创新

根据高校实训教学的特点，在现有的翻译管理平台的基础上，对功能进行裁剪和简化，让高校或翻译机构的受训人员体验真实的工具和流程。同时，增加虚拟机器人来模拟实际翻译项目中的角色，为受训者提供一个仿真的场景，为快速切入业务实战、接受工业化的翻译理念打下基础。

3. 帮助教师培养适应社会需求的准职员，提高学校就业率

在实训过程中不是单纯训练用户的CAT工具使用能力，而是在翻译项目管理系统的基础上利用计算机技术为用户营造逼真的实训场

景，在锻炼用户语言能力和工具使用技巧的同时最大程度地让其接触翻译项目和真实的工作岗位，达到职业训练的目标。

翻译云教学实训平台是针对翻译教学和实训活动进行管理的支持系统，是第一个以翻译教学为中心，以实现"产学研"一体化为目的全面解决方案。

翻译云教学实训平台系统可以辅助教师开展翻译教学和实践活动；强化学生的双语应用能力，熟悉商业项目的运作和处理流程、锻炼基本岗位能力；补充网络化CAT工具的操作技能；锻炼团队合作能力，全面提高学生从事翻译或相关工作的竞争力；帮助高校和教师培养适应社会需求的准职员，提高学校毕业生就业率。

（三）翻译云教学实训平台需求分析

1. 市场需求分析

改革开放以来，翻译工作在我国政治、外交、经济、军事、科技、文化、对外传播、新闻出版及民族语言文化等各个领域的作用日益重要。尽管语言服务的市场空间广阔，且需求在不断增长，但市场翻译能力供应不足，翻译机构大多采用小作坊的生产方式，未实现多语信息处理的规模化、工业化和专业化生产。因此，如何从源头上抓好高校的翻译教学，帮助高校培养适应社会需求的翻译人才和管理人才，是翻译行业亟待解决的一个难题。

通过建立翻译云教学实训平台，一方面可以使高校课堂学习与市场订单生产相结合，辅助教师开展翻译教学和实践活动，使翻译教学实现实用化、流程化、规范化、产业化，让翻译教学人员可以足不出户地进行有效沟通、交流、学习，全面提高学生从事翻译或相关工作的竞争力，帮助高校和教师培养适应社会需求的准职员，提高学校毕业生的就业率。另一方面通过培养符合市场需求的翻译和管理人才，能够使现代服务类企业的信息来源和渠道更加宽阔，从而更有能力汲取更多更好的知识和技术，推动我国服务外包产业的发展。

此外，它还可以带动一系列关联的高端产业发展，如文化产业、出版业、印刷业、信息加工业以及培训业等。因此，翻译云教学实训平台的搭建无论是对多语信息处理行业的发展，还是对与此相关联的行业的发展，都将产生十分明显的推动和促进作用。

2.个性化需求分析

近年来，由于我国高校招生规模逐渐扩大，就业市场竞争呈现白热化态势，建立"产学研"相结合的模式，为社会培养系统化、专业化、科学化的实践人才已成为当今社会的突出问题。

为了提高学生的竞争力，让即将从事翻译工作或相关工作的学生快速掌握实战技能，积累项目经验，需要在学习阶段就采用实训或实习的方式来提高学生的竞争力，努力打造翻译领域的实践型人才。帮助高校培养适应社会需求的翻译人才和翻译管理人才，从而推动多语信息处理行业和相关产业的发展。

(四) 翻译云教学实训平台运行机制

1.任务驱动教学与实训

实训平台是符合任务驱动教学模式的翻译教学实践平台，它以情景模拟和角色扮演为实训任务的具体实施方式；系统的内置流程和引导系统负责驱动任务；系统的反馈机制将对实训效果进行及时记录并及时反馈给实训使用者。平台提供灵活的实训方式：适合多人参与的小组实训方式和适合单人训练的人机模拟实训方式。

其中，项目情景和角色划分来源于真实翻译项目和翻译团队。师生通过身临其境地扮演具体角色完成规定的工作，能够更加深刻地体会具体岗位的职责与工作内容。实训的背景和随机插入的项目事件能够营造逼真的项目场景，使体验达到实战程度。

平台本身具备的其他功能使平台不仅具备翻译实训的教学功能，同时还能够有效帮助学生开展自主学习和实训活动。

教师将逐渐完成（如图3-12所示）身份转变：从知识的教授者向实训的主导者转变，最终上升为实训活动的引导者。学生将逐渐成为学习和实训活动中的主人，通过实训任务最大化地激发求知欲望和兴趣，逐步培养独立探索、勇于进取的自学能力。

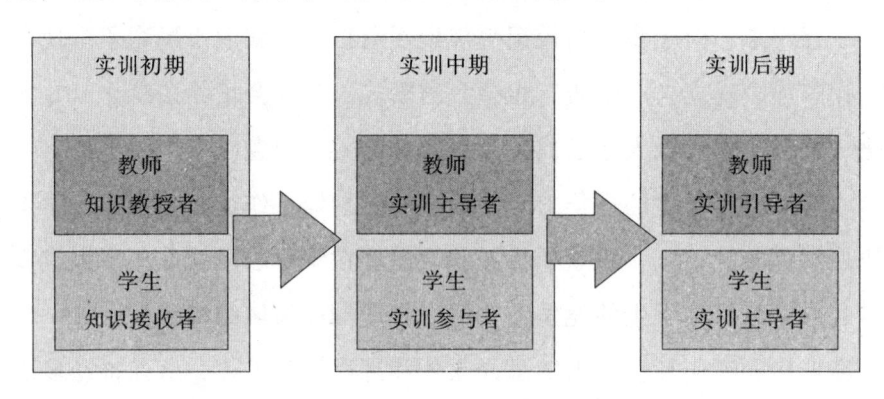

实训初期	实训中期	实训后期
教师 知识教授者	教师 实训主导者	教师 实训引导者
学生 知识接收者	学生 实训参与者	学生 实训主导者

图3-12 教师和学生身份转变

2. 教学轨迹记录与分析

平台内置的跟踪功能将记录教学和实训全部过程，详细备案师生的实训经历和实训效果的各类量化指标。师生可从不同角度分析实训轨迹的各类指标，例如在指定的时间内，科技类稿件的处理能力、分析能力、统计各类错误信息的能力，帮助实训师生全面了解实训效果，以制订更加具有针对性的实训教学计划。

在学生自主实训的过程中，平台充分考虑到学生个体的不同特点，将根据学生的具体情况推荐实训任务，让学生在自主学习的过程中获得更加具有针对性的锻炼。

拥有高级权限的管理员可以访问全局记录，能够获得平台上指定群体不同维度的实训数据和趋势分析信息，并对实训效果进行量化考评。

3. 资源循环积累与复用

在翻译实训教学过程中，将产生三类宝贵的教学资源，它们分别是实训任务素材、指导信息、实训语料。实训平台能够对这三类资源进行循环积累和复用，充分挖掘教学资源的价值。

（1）任务素材的积累与复用

为实现教学材料的新鲜，教师可整理并导入新的任务素材，通过丰富平台上的任务素材，平台可用于各种语言、各种行业的专题语言技能训练，例如，通过增加汽车行业的法语任务素材，实训平台即可用于指定行业的法语培训。不断增加的任务素材能够通过平台在指定的师生之间进行共享，共建实训基础。

（2）指导信息的积累与复用

实训平台围绕语料收集教师添加的指导信息，在任务素材重复利用时，根据具体情况自动寻找符合匹配条件的指导信息并推送到实训使用者面前。指导信息的积累和复用机制，通过软件简化教学工作，将教师从重复指导一类问题中解放出来。譬如，一些平常的语法问题，教师可以不再反复费时间更正，而是将更多的时间投入创造性的工作中。

（3）实训语料的积累与复用

平台默认回收所有的实训语料，并保存在配套语料库中。通过平台提供的配套语料库建设功能，在实训语料的基础上建立学习语料库，在优质项目语料的基础上建立具有商业价值的行业语料库，进行语言学习规律的分析和研究。

4. 促进校企合作

诞生于企业，应用于校园的实训平台，是集生产、教学、研究三位于一体的完整解决方案。师生除了能够利用实训平台开展翻译教学和实训活动之外，还可以在平台之上完成实际翻译项目的生产活动。同时，实训平台全面连接商业项目平台，师生将有机会参与真实项目并获得行业专家的指导。平台将真实的企业实习机会输送到师生的面前，进一步缩短了师生和翻译企业之间的距离。除了翻译项目，高校和企业还可在平台的支撑下进行横向课题研究，共建语料库，共建校企联合实验室。

（五）翻译云教学实训平台创新点

1. 技术创新点

翻译云教学实训平台是根据高校实训教学的特点，在现有的翻译管理平台的基础上，对功能进行裁剪和简化，让高校或翻译机构的受训人员体验真实的工具和流程，同时增加虚拟机器人来模拟实际翻译项目中的角色，为受训者提供一个仿真的场景，为快速切入业务实战、接受工业化的翻译理念打下基础。

它的技术路线有如下几个。

（1）采用Ajax技术实现Web页面信息的局部更新和异步提交，提升使用者体验，降低网络的数据流量。

（2）使用SQLite作为Web服务端内存缓存数据库，以降低多个Web使用者间即时交互对数据库服务器带来的压力。

（3）用模板定制+事件触发的方式来控制机器仿真角色的行为，提高机器仿真角色行为的真实程度。

它在设计理念上与其他单纯以教师、学生为主要角色的教学辅助系统有着明显的区别和优势。其实训作业流程示意如下。

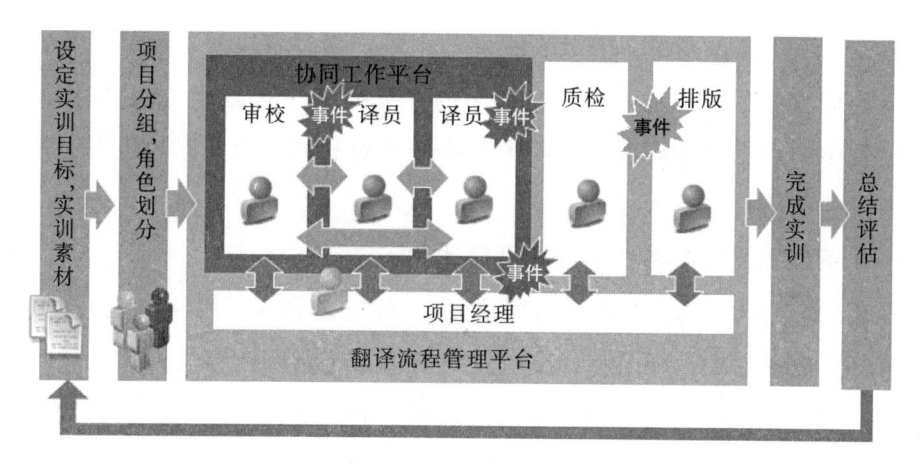

第三章
翻译云智智慧教学实践平台

图3-13 实训作业流程

协同工作平台工作原理（图3-14所示）：

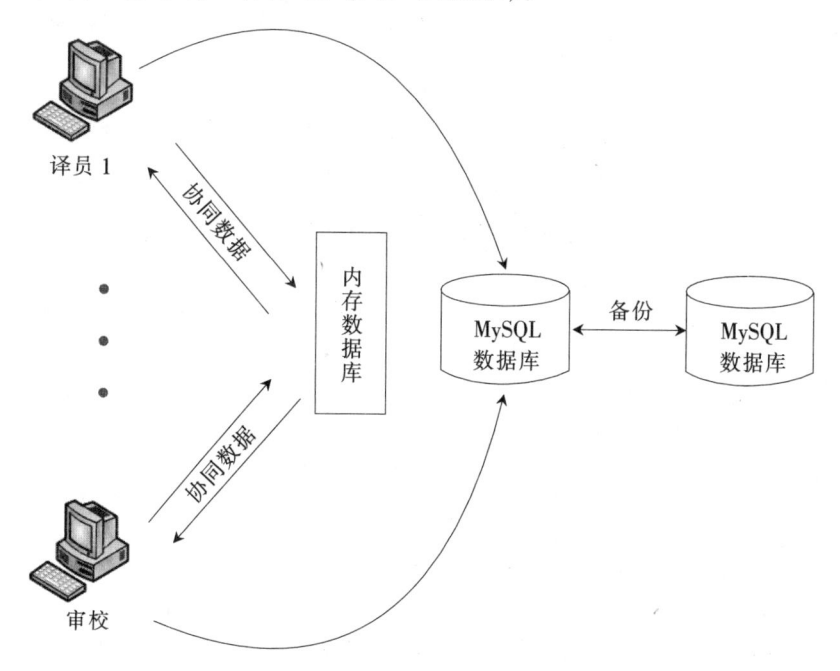

图3-14 协同工作平台工作原理

在译员和审校角色的协同过程中，客户端需要频繁地发送协同写入和协同读取的请求，从而导致服务器的数据库操作也变得很频繁，

51

大数据云计算背景下外语学科智慧教学实践平台建设研究

数据库服务器的负载一直处在很高的水平。为了解决这个问题，我们将协同数据的请求进行分流，采用内存数据库（SQLite）来处理协同过程中的数据同步问题，从而大大降低了对数据库服务器的压力，使系统的整体性能大大提高。

系统译文协同的处理过程可简述如下。

（1）译员在翻译了一句原文后，对应的译文会实时地提交到MySQL数据库中，同时将译文以及更新标记记录到内存数据库。

（2）其他译员或审校会定时发送请求到服务器，查看是否有数据需要同步（这个请求远多于数据写入的请求），这是系统直接在内存数据库中进行查询而不是到MySQL数据库中进行查询。

（3）系统获取到需要同步的数据后，打包成JSON格式，发回客户端，这样就完成了一次同步过程。

在上述过程中没有直接对MySQL做任何的查询，将较为频繁的同步请求直接在内存数据库中完成，减少了对MySQL数据库的压力。同理，术语、质疑、审校等协同过程和上述过程一致。

2.服务模式创新点

目前，市场上和外语教学相关的产品和服务数量较多，但主要集中为三类：一是以计算机辅助语言训练为核心的硬件产品，如各类听力语音实验设备；二是以海量内容为核心的资源类产品，如词典、资源类站点；三是以"CAT使用技能"为培训内容的服务/方案。翻译实训教学平台所能实现的创新模式包括以下四个。

（1）翻译实训创新

多语实训平台以实际翻译项目处理流程和翻译团队成员为参考，针对翻译教学和实践活动的特点，围绕团队的核心成员，设计了简化的实训流程。

通过简化前期的商务环节和后期的辅助环节，多语实训平台将实训重点定位于翻译活动的生产及管理环节上。翻译活动中的非核心流程和成员由系统通过情景模拟和虚拟角色完成，既保证了实训的针对性，又保留了翻译场景的完整性。

（2）基本元素创新

任务素材

根据实训目标和学生特点，教师将利用"任务素材"设置具体的实训任务。"任务素材"的内容决定了实训任务的目标和效果。其中，拥有较强行业特征的任务素材可用于行业语言技能实训任务；拥有配对译文的素材可用于人机模拟实训并具备机器辅助评分功能。

内置流程

平台的"内置流程"是参考实际业务流程设计的。"内置流程"能够引导用户按照标准操作流程分解并实施任务，逐步掌握科学的工作方法。

角色分工

实训平台参考翻译团队的实际分工，划分并定义了实训角色。师生通过扮演特定角色，在任务执行过程中了解该角色的工作内容和职责。同时，不同角色的分工和协作，能够锻炼学生的团队合作技能等职业技能。

情景事件

平台根据具体实训项目的特点和实训用户的实际情况，安插项目事件，营造项目情景，为师生打造逼真的商业项目背景。

（3）实训效果创新

实训活动能够有效锻炼师生以下技能和能力。

项目管理能力

实训项目完全模拟商业的项目组织，参与实训的师生将处在项目成本、项目质量、项目进度等压力下来完成项目分析、工作分配、过程控制等各类管理活动。通过实训项目可全方位地锻炼师生的项目管理能力。

大数据云计算背景下外语学科智慧教学实践平台建设研究

协同CAT应用技能

项目生产环节统一使用标准的网络化协同翻译工具。该CAT工具不仅拥有基于互联网的"术语、语料复用"功能，还拥有独立研发的"术语、低级错误检查""协同翻译"功能。

"术语、语料复用"功能，能够通过互联网在翻译团队中共享翻译记忆，实现整个项目范围内的语料复用，提高翻译效率，辅助团队统一翻译风格。

"术语、低级错误检查"能够为翻译团队完成术语统一和低级错误辅助检查工作。通过发挥IT的技术优势，CAT工具能够简化翻译工作者的工作内容，减少或避免重复劳动，帮助翻译工作者将时间投入创造性的工作上。

"协同翻译"是为满足团队翻译活动的沟通和协作而设置的新功能。通过团队协作，共享知识和翻译经验，提高整个翻译团队的工作效率和工作质量。

扮演译员和审校的师生通过实训活动能够逐步掌握"网络化协同翻译工具"的操作技能，为升级为现代专职译员进行专业技能储备。

具体岗位的工作能力

为了成功完成实训任务，团队中的成员应首先了解所扮演角色的岗位定义和工作内容，以及该角色在整个项目团队、项目处理流程中的地位和作用。通过扮演角色，师生可以更加深刻地了解所扮演的角色并逐步掌握该岗位需要的工作能力。

团队合作能力

翻译项目的顺利推进需要不同岗位上所有成员的协调与配合。团队化的实训能够有效锻炼学生的团队合作和协调能力。

（4）实训方式创新

根据实训阶段和实训主体的不同，平台提供两种不同的实训方式：小组实训和人机模拟实训。

小组实训

小组实训是多人参与的实训方式。平台提供三类核心翻译成员（项目经理、译员、审校）供师生开展实训。教师可根据教学目标组织教学和实训活动，例如翻译教学、翻译课题组织实施、师生或生生的翻译实训活动。学生可组织模拟团队，在平台上开展实训。

人机模拟实训

人机模拟实训是单人参与的实训方式，专门适用于译员岗位的实训。人机模拟实训提供全程的情景与角色模拟。除译员角色外，团队中的其他成员由系统虚拟成员完成。人机模拟实训同时开辟了具备帮助引导功能的"基础练习室"专区。"基础练习室"采用主动弹出引导的方式，带领学生熟悉项目的核心流程和CAT工具的核心操作。引导系统犹如一位耐心的教师，将手把手引导学生走进现代翻译世界，掌握最基本的翻译技能。人机模拟实训适合学生在课前和课后进行个人技能的训练。

3. 实用工具创新

"翻译工作室"平台为师生提供的实用工具，具备基本的任务管理功能、基于翻译记忆技术的CAT工具。作为实训平台的增值服务之一，翻译工作室能帮助师生管理自己的翻译任务，开展实际的翻译生产活动。例如，教师可围绕一个翻译专题组织学生收集并翻译所属专题下的名著篇章，并将翻译得到的作品收集成册。同时，平台为翻译工作室提供了配套的术语收集和管理服务，师生能够将实训和生产活动中的术语轻松地收集到术语本并进行管理和维护，为今后从事翻译或相关工作进行资源储备。

4. 资源管理创新

实训平台提供了完备的资源管理功能，能够帮助教师轻松完成任务专题、任务素材、术语、语料的管理工作。

(1) 任务专题分类管理

平台默认根据常见语种和行业大类进行任务素材的类型划分。在实际使用过程中，教师可根据实际开办的课程和教学重点自定义素材的语种和专题划分。例如，将实训语种扩展为英语、日语、法语、德语、西班牙语、俄语、韩语；将专题按照学科分为文科、理科、医学、机电、通信等。

(2) 任务素材内容管理

平台在初始安装时已提供了一定数量的通用任务素材。素材内容管理功能让教师能够全面控制实训内容，组织最具有针对性的实训活动。教师可以根据实际的教学需要对任务素材进行扩展，制作新的任务素材并导入实训平台。在任务素材导入时，教师可以参考岗位等级设置素材的难度等级，创建实训项目，系统会帮助教师根据岗位等级筛选对应的素材。

(六) 翻译云教学实训平台功能分析

很长时间以来人们一直习惯把外语专业等同于翻译专业，把外语人才误认为翻译人才，忽视了翻译专业人才的专门性和特殊性。在现行教育体制中，翻译教学在很长一段时间里一直未赢得一席之地，从而造成了很多高校毕业的译员不具备高水准的翻译技巧和管理能力。

随着经济社会的迅猛发展和科技文化的不断进步，社会对高层次专业翻译人才的需求量不断增加，而传统的外语教学已无法满足社会对专业翻译人员的需要，翻译人才的培养与社会需求之间脱节的现象日益严重，供需矛盾越来越突出。因此，翻译专业人才培养的系统化、专业化、科学化不得不被提到议事日程上来，成为讨论的焦点。

翻译云教学实训平台是针对高校的传统教学模式，结合市场需求而搭建的产学研的教学模式。它以培养新型翻译和管理人才为目的，使课堂学习与市场订单生产相结合,达到学以致用,既能完成学习任务,又能创造经济效益。其具体功能如下。

1. 平台能满足教师与学生的需求

翻译云教学实训平台的宗旨是通过辅助教师开展翻译教学和实践活动,强化学生的双语应用能力,帮助各大院校培养适应社会需求的准职员,提高学校毕业生的就业率。

因此,在实训过程中不是单纯训练用户的CAT工具使用能力,而是在翻译项目管理系统的基础上利用计算机技术为用户营造逼真的实训场景,在锻炼学生语言能力和工具使用技巧的同时最大程度地让其接触翻译项目和真实的工作岗位,达到职业训练的目标。其中的创新自主实训和教学辅助功能,能够有效提供自主学习环境,提高教师的教学和辅导质量。

该平台与相关设备的比较如表3-1所示。

表3-1 平台与相关设备的比较

解决问题点	功能或项目	翻译实训平台	雅信CAT	Trados SDL	备注
翻译项目实践	项目场景模拟	√			将实际翻译项目中总结的关键项目要素(客户、成本、进度等要求)作为实训背景,使实训活动具备实践意义,而不仅仅是文字处理
	支持角色扮演	√			按照现代翻译团队的分工,设计多类实训角色供选择。实训范围从译员扩大到项目经理、译员、审校和翻译活动相关的多种角色
	提供翻译项目管理功能	√			提供任务状态、成本、进度、风险报告功能
	提供译员资源管理功能	√			
	提供实践机会	√			依托实训平台,校企联合建立实习基地,假期安排学生进入企业实习

大数据云计算背景下外语学科智慧教学实践平台建设研究

续表

解决问题点	功能或项目	翻译实训平台	雅信CAT	Trados SDL	备注
CAT工具	语料匹配和复用	√	√	√	三个产品均采用基于语料的CAT技术。唯一不同的是，传神翻译实训平台是基于网络化的语料库，使用者不受地域和时间的限制
	术语检查	√			帮助翻译人员实现术语统一
	协同翻译	√			提供审校、译员的在线协同工作机制
	术语、语料库管理	√		√	管理翻译活动中积累的术语和语料，深度开发教学资源
自主实训机制	实训引导型帮助				引导型帮助让学生快速适应译员角色
	支持译员角色自主实训	√			学生可以在系统的帮助下进行自主学习和实训
	支持学生自主团队实训	√			
教学辅助	错误信息统计				以实训活动记录的错误为分析对象，提供错误分类统计功能
实训素材	支持多种语言	√	√	√	
	自定义分类	√			教师可以根据自己的教学安排来设计素材的分类，例如，按照行业分类或者按照学科分类
	提供持续更新	√			在三个产品供应商中，传神联合是唯一同时从事IT系统研发和传统翻译服务的企业，从实际翻译项目中积累的(无版权信息)平行语料能够持续地供给实训平台
	素材管理功能	√			利用素材管理功能，教师可以自己制作适用于实训平台的新素材
	提供素材分享机制	√			素材分享机制有利于教师之间分享新建的素材
	提供定制服务	√			对于特殊领域的素材，传神提供高效的素材定制服务(注：该项服务需要收费)
系统架构	B/S	√			仅需安装和维护服务器，使用实训系统的机器仅需配备常见的IE6/IE7浏览器
	C/S		√	√	需要在每个用于实训的机器上安装客户端软件，后续软件升级需要对每台机器进行维护

2. 平台能实现服务模式的创新

（1）实训内容科学合理

实训平台的项目处理流程就是根据这一体系以教学实训为目的提炼得出的。实训活动中设置的流程和工作内容均来源于实际工作岗位，实训过程中重点锻炼的技能和知识均是针对具体工作岗位而设计的，还可根据教学目标和学生的实际能力设置实训任务的内容和难度。

（2）实训过程逼真有趣

实训活动具体采用角色扮演的组织方式，通过扮演具体角色，师生能够身临其境地体会所扮演角色的职责和工作内容。实训平台以真实翻译项目为参考提炼出典型项目事件，在实训过程中系统将随机插入事件为师生营造逼真的项目情景，使实训过程达到接近实战的程度。

（3）实训范围扩展灵活

平台的实训翻译可以通过丰富任务素材、调节内置流程进行灵活的扩展。通过丰富平台上的任务素材，平台可用于各种语言、各种行业的专题语言技能训练，例如，通过增加汽车行业的法语任务素材，实训平台即可用于指定行业的法语培训。

（4）产、学、研三位一体

实训平台是集生产、教学、研究三位于一体的完整解决方案。师生除了能够利用实训平台开展翻译教学和实训活动，还可以在平台之上完成实际翻译项目的生产活动。平台将真实的企业实习机会输送到师生的面前，进一步缩短了师生和翻译企业之间的距离。

3. 平台能满足社会的需求

（1）满足高校培养高端翻译和管理人才的需求

外语专业人才≠翻译专业人才。翻译是一种认知活动、一种技巧、一种艺术，是一种专业的交流工具。翻译人才的思维模式与一般外语人才有着明显的差别，需要专门的职业技能培训。

(2) 为现代翻译企业提供优质的管理人才

高端的翻译专业人才不仅要具备强大的语言翻译能力，还需要具备各种翻译技巧和翻译管理的能力。翻译云教学实训平台可以让学生熟悉商业项目的运作和处理流程、锻炼基本岗位能力、补充网络化CAT工具的操作技能、锻炼团队合作能力，从而为现代翻译企业提供优质的管理人才。

(3) 为需要语言服务的专业领域提供高质量的翻译人才

改革开放以来，翻译工作在我国政治、外交、经济、军事、科技、文化、对外传播、新闻出版及民族语言文化等各个领域的作用日益重要。翻译云教学实训平台以培养新型翻译和管理人才为目的，使课堂学习与市场订单生产相结合，达到学以致用的目的，从而为现代服务业提供高质量的翻译人才。

4. 平台具有任务管理功能

"翻译工作室"平台为师生提供的实用工具，具备基本的任务管理功能、基于翻译记忆技术的CAT工具。作为实训平台的增值服务之一，翻译工作室能帮助师生管理自己的翻译任务，开展实际的翻译生产活动。例如，教师可围绕一个翻译专题组织学生收集并翻译所属专题下的名著名篇，并将翻译得到的作品收集成册。同时，平台为翻译工作室提供了配套的术语收集和管理服务，师生能够将实训和生产活动中的术语轻松地收集到术语本并进行管理和维护，为今后从事翻译或相关工作进行资源储备。

四、大连海洋大学翻译云智慧教学实践平台

（一）建设情况

1. 搭建了翻译云智慧教学实训平台

大连海洋大学建设升级了一个网络管理平台，配置了计算机软硬件设备和教学资源管理平台，将信息化教学资源加载到平台中，能够让学习者随时随地获取有效的教学资源，实现学习者与教育者之间的有效交流沟通。将学生分成若干个团队，每个团队包含项目经理、审校、译员等角色，模拟真实翻译公司的翻译流程，训练了学生协作翻译能力。

2. 建设了校企合作基地，实现了与国内翻译行业接轨

教学时刻与翻译行业同步，解决了学生翻译实践及就业问题。通过与国内知名翻译公司合作，完成了学生实践教学任务。将学生的翻译实践分为两部分：（1）校内实践。由翻译公司派专业的翻译项目经理，定期远程为学生下发真实的翻译稿件，训练学生的翻译能力。项目经理定期批改学生的译文，并定期召开远程视频会议与学生进行互动，针对各个阶段学生翻译中存在的问题进行解答。（2）校外实践。将翻译能力优异的学生派到翻译公司进行实习，了解翻译公司的工作流程，接触真实的翻译项目。校外实践提高了学生整体翻译能力，为其今后就业打下了坚实的基础。

大数据云计算背景下外语学科智慧教学实践平台建设研究

3. 创建了翻译学科云课程资源的管理机制（如表3-2所示）

表 3-2　翻译学科云课程资源管理机制

使用者身份	权　限	应用功能	备　注
平台管理者	平台管理权限	1. 对平台功能进行设置 2. 加载教学库资源 3. 实时更新资源，并做相应维护	数据维护和更新
教师	教师管理登录账号	1. 进行班级管理 2. 进行学生学习管理 3. 在教学资源权限内发布共享	资源使用和共享
学生	学习登录账号	1. 平台教学资源获取学习 2. 学科习题练习及考试 3. 与教师答疑互动	资源利用

4. 形成了完整的翻译教学流程和课程教学资源库（如表3-3所示）

表 3-3　翻译教学流程和课程教学资源库

课程名称	建设方向	管理方向
语言基础知识重难点解析	教师根据外语教学知识内容，对重难点字、词、语句进行讲解	资源共享
听说读写技巧训练	教师根据外语语言使用技巧进行重点解析，引导学生快速掌握语言知识的听、说、读、写技巧	资源共享
翻译技巧训练	教师对笔译等技巧重难点解析	资源共享
外国文化知识讲解	教师对外语学习中涉及的外国文化的形成和发展进行介绍	资源共享
外国礼仪教导	教师根据外语学习中涉及的外国礼仪的形成和发展，对国际交流需要注意的礼仪事项进行介绍和解析	资源共享
国际语言交际技巧训练	教师对国际商务交流当中的商务流程和技巧进行介绍和训练	资源共享

5. 形成了以学生为中心的翻译学习案例资源（如表3-4所示）

表 3-4　以学生为中心的翻译学习案例资源

课程分类	课程名称	建设方向	管理方向
选修课	跨文化交际	学生的文化体验和学习心得	学生案例
	渔业专题翻译	学习反馈	学生案例
	传媒翻译	学习反馈	学生案例
	语言与文化	学习训练和行为记录	学生案例和共享资源
	商务翻译	学习训练和行为记录	学生案例
	翻译及本地化管理	文化体验和个人展现	学生案例
	国际会议笔译	技能训练和行为记录	学生案例和共享资源
必修课	翻译概论	笔译学习案例	学生案例
	应用翻译	笔译学习案例	学生案例
	文学翻译	体验学习	学生案例
	笔译理论与技巧	学习训练和行为记录	学生案例和共享资源

（二）建设效果

将大数据时代的云计算和大数据技术应用到大连海洋大学翻译学科教学中，建设了有针对性的、有效的海洋特色学科资源，形成了完整的教学流程，构建了翻译教学校园共享管理平台，创建了相应的教学应用和管理机制。该机制为教师的教学管理提供了方便，提高了教师对现代化教学手段的应用能力，更新了教师的教学观念，使教师树立了以教为主导、学为主体的教育理念；培养了学生自主学习和合作学习的能力，为学生的实习和就业开辟了渠道。该学科教学平台也为各领域对外交流提供了基础性支撑平台。

（三）应用价值

云计算和大数据技术在大连海洋大学翻译学科建设中的应用价值

如下。

第一，为大连海洋大学翻译学科建立了一个具有学科特色的翻译云智慧教学实训平台，平台系统运算安全、快速且储存量大。在系统服务终端，学习者能够随时随地快速精准地获取需要的信息资源并进行学习交流，加强了学生校内外的翻译实践，提高了翻译能力培养。

第二，在技术应用需求下建设了海洋特色学科资源，既能满足技术应用的环境需求，也能给翻译学科应用型人才培养提供实施理念和教学资源，提升了学生的创新能力和实践能力培养效果。

第三，教师通过信息技术，将理论知识从以往的文字和纸媒传播转化为以信息技术媒体为载体的信息资源。

第四，所形成的整个建设体系通过相互结合形成了完整的翻译教学流程，应用于我校翻译学科教学实践。

第五，海量多语数据处理系统推动了我校翻译语言教学的进程，极大优化了翻译流程和模式。借助云技术，实现了海量多语信息的快速处理，以网络语言服务整合能力、高效的产业化作业标准和模式，一步到位地实现了语言服务的信息化。

(四) 特色及创新

第一，翻译云智慧教学实训平台实现了任务驱动的教学与实训。翻译云智慧教学实训平台是以情景模拟和角色扮演为实训任务的教学与实训平台，是符合任务驱动教学模式的教学实践平台。其中系统的内置流程和引导系统负责驱动任务；系统的反馈机制将对实训效果进行及时记录并及时反馈给实训对象。平台提供灵活的实训方式，适合多人参与的小组实训方式和适合单人训练的人机模拟实训方式。

第二，翻译云智慧教学实训平台打造了一个网络外语学习环境，对生成的翻译学科资源进行整合管理，让学生能够随时随地获取教学资源进行学习、训练，能够有效帮助学生开展自主学习和实训活动。

第三，翻译云智慧教学实训平台实现了学生与教师进行交流沟通的目的，完成了教师从知识的教授者向实训的主导者、最终上升为实训活动的引导者的角色转变。学生逐渐成为学习和实训活动中的主人，通过实训任务最大化地激发学生的求知欲望和兴趣，逐步培养学生独立探索、勇于进取的自学能力。

第四，翻译云智慧教学实训平台通过对计算机、网络和通信相关技术的有机结合，逐步形成了完整的翻译教学流程和课程教学资源库及以学生为表现主体的学习案例资源，丰富了外语教学的软件资源，形成了具有海洋特色的翻译课程语料库和语言资产。

第四章 一课英语智慧教学实践平台建设

一、建设目标

在信息化技术高速发展的今天,高校英语教师要不断更新教学观念,坚持以教师为指导、学生为主体的教育理念,采取网络、媒体等高科技手段,培养学生的语言能力和文化视野,创设真实的跨文化交际环境,促进真正的、即时的跨文化交际实践,将语言、文化、交际三者完美结合,全方位培养学生的跨文化交际能力。一课英语智慧教学实践平台的研究目标如下。

第一,建设一课英语智慧教学实践平台,实现课堂与课后、教与学的一体化。

拟建设的一课英语智慧教学实践平台集成了听、说、读、写、译、单词六大应用模块,并将课堂互动和课后实践打通,实现英语教学课堂上的互动和课后的养成式教学,达到教与学的一体化。拟做到教学数据一体化,讲练一体化,实现英语智慧教学,全面提高学生的英语综合应用能力。

第二,平台注重对学生学习过程的管理,实现循序渐进阶梯式提高的学习效果。

一课英语智慧教学实践平台不但注重教学结果，还注重学生学习的过程化管理，支持循序渐进、阶梯式的锻炼，让学生逐渐适应学习强度。并且平台全程数据留痕，可完整记录学生学习的全过程，实现学生循序渐进阶梯式提高的学习效果。

第三，平台提供趣味多元化的教学资源，激发学生学习动机。

一课英语智慧教学实践平台采用互动有趣的视频带动学生完成学习，通过竞赛、听力、配音等多元趣味性教学资源，集中英语教学中的国际化时事政治资源，帮助学生巩固练习语音，以"趣"字解决英语学习过程的枯燥乏味，激发学生的学习动机。

第四，平台提供精细的模块化考核规则，对学生的英语学习给予科学性综合评价。

一课英语智慧教学实践平台可对各应用模块设置考核规则，并针对教材、四六级题型提供完整的题库和考试规则，支持考核规则自定义。教师可根据学生的学习情况和具体的教学要求设置考核规则。系统可以对学生英语学习的数据进行分析和科学评价，并能够针对学生的实际学习情况制定不同的培养方案，使学生更好地形成个性化学习。同时，系统还能够对英语学习情况形成多维度测评，对学生的英语学习给予科学性综合评价。

二、建设思路

本项目对接《大学英语教学指南（2020版）》和新的《外国语言文学类教学质量国家标准》的指导要求，拟建设一课英语智慧教学实践平台。该平台拟应用于大连海洋大学2021级全部大学英语课及英语

大数据云计算背景下外语学科智慧教学实践平台建设研究

专业的主要核心课，如英语精读、英语泛读、英语听力、英语口语、英语写作等。该平台依托现代化、信息化手段，实施完整的英语教学模式改革，搭建简单好用的集课堂交互与课后训练于一体的全英语教学过程的智慧平台，将课前、课中和课后的英语学习有机结合，面向英语教学中学生听说读写译能力的培养。平台拟提供作文、口语、听力、阅读、单词、配音等应用功能，丰富的教学资源、智能的批阅模式、灵活的考核方式，在不给教师添加任何额外负担的基础上将学生英语学习与教学紧密结合，形成兼顾英语实践能力和学习成绩双提升的教学模式。研究思路如图4-1所示：

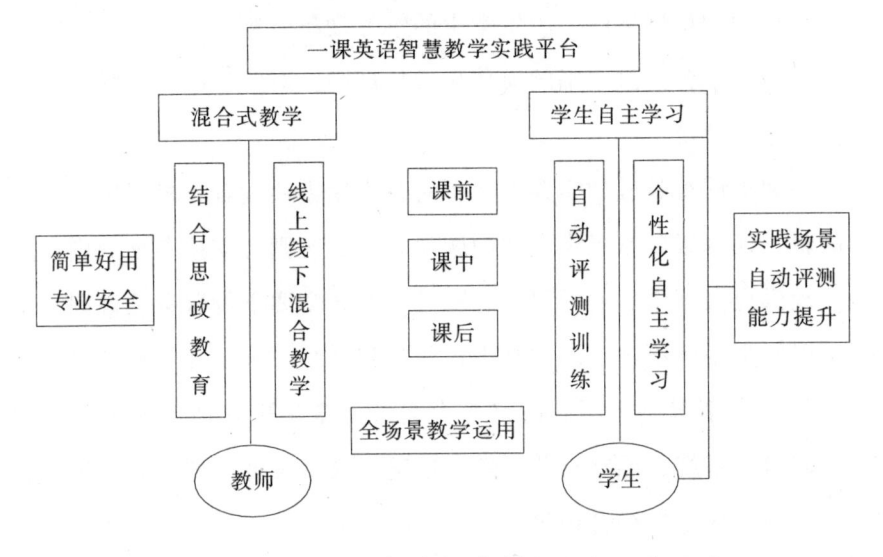

图4-1 一课英语智慧教学实践平台研究思路

三、建设内容

第一，一体化。建设一课英语智慧教学实践平台，教师用PPT就可以轻松操作，从而实现课前、课中、课后关于听、说、读、写、译教学。平台自动数据留痕，支持一键导出相关数据，操作简单化，数据一体化，成果可视化。

第二，教学和科研。教学数据自动分析留痕和AI智能评测，可生成每个学生的能力画像和班级全面的、完备的数据，为教师进行教学和科研提供数据支撑，易操作、可移动、可监控、可反馈，轻量级应用，移动式学习。

第三，资源拓展。每周更新外语专项教学资源，包括全球主流媒体报道的经济、文化、科技、历史等。通过网上优质的资源提升来拓展教学内容，有助于学生学习世界各国的文明和文化、前沿的科学技术、先进的管理经验和理念，提升学生跨文化交际能力，为迎接经济全球化时代的机遇和挑战做好准备。

第四，真题训练。通过平台提供的历年英语四六级、专四专八、考研等真题，教师可灵活组卷进行模拟考试，大大提升四六级、专四专八等考试的通过率。

四、建设方案

（一）一课平台简介

沈阳云创未来科技有限公司是一家定位于为教育领域提供智能信息化的优质产品、服务及解决方案的创新型高技术企业。公司建立了一支百人的专业技术与教研团队，坚持技术创新与产学研深度融合，自主研发了全流程的英语教学管理平台——OneClass（一课），并且围绕一课英外语智慧教学实践平台申请软件著作权18项，连续多年开展"产学研校企合作项目"，坚持企业发展与促进高校人才培养的合作共赢。目前，公司业务覆盖全国20多个省，涉及近百所高校，得到

大数据云计算背景下外语学科智慧教学实践平台建设研究

众多师生的支持与信任。

　　一课英外语智慧教学实践平台以信息技术手段助力教育发展，将互联网、大数据、人工智能应用于外语教学，采用多样化的测试方式，构建"形成性测试与终结性测试相结合"的综合测试体系，全面检测和跟踪大学生英语能力发展，准确评价大学生英语能力水平，发挥测试对教学的正面导向作用，使之更好地为教学提供诊断和反馈信息，促进大学生英语能力的全面提高。平台实现"课堂教学+英语专项训练+学生自主学习"的全流程教学闭环，解决外语专业教学和管理问题。平台运用大数据和人工智能技术，丰富教学手段和评测方法，辅助教师提升教学质量，在评学评教评估过程中提供数据支撑。

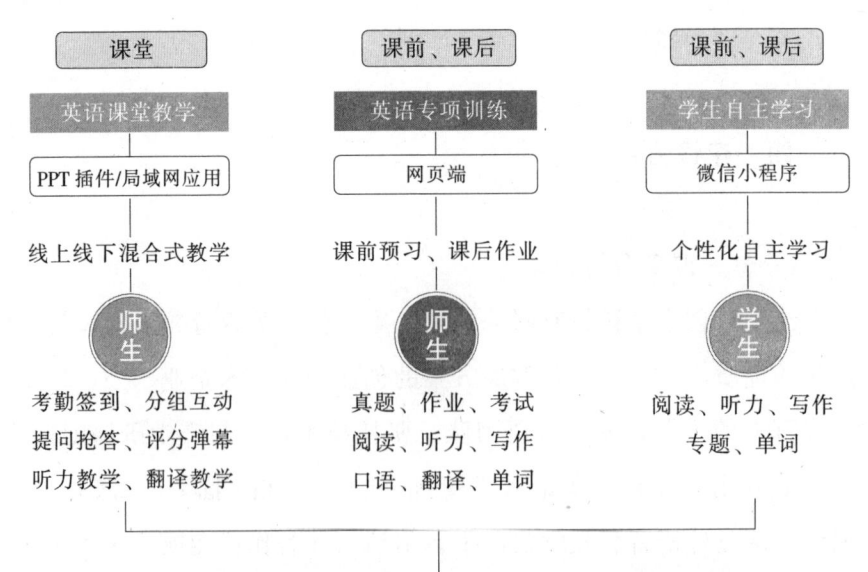

1　一课产品构架

图4-2　一课产品框架

第四章 一课英语智慧教学实践平台建设

一课英语产品结构

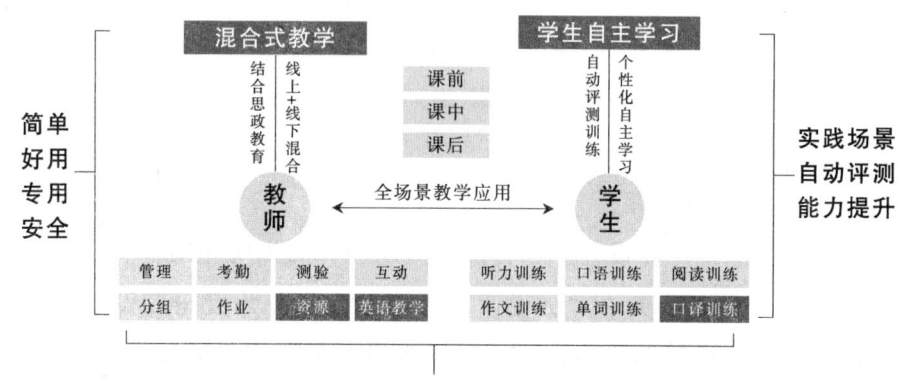

图4-3 一课产品结构

平台为满足学校教学的真正需求，为高校提供一体化的智慧教学解决方案，包含如下四部分模块。

1. 课堂互动系统

课堂互动系统包含了课前、课中和课后教师与学生的教与学的全流程应用。通过系统，教师可以在课前建立预习并发送给学生，可使用PPT进行备课，可发布课前公告对学生进行推送；在课中，教师可以使用测验、随堂考试、提问、抢答等功能与学生建立互动；在课后，教师可以发布作业，学生通过移动或PC平台作答。

2. 教师教学管理系统

教师可对开课的课程、开课的班级学生、上课的课程内容等进行管理，并可创建资源库和习题库；可对主观题进行批阅，支持一键生成课程成绩单，满足教师教学管理的多样化需求。

3. 教学大数据管理系统

系统支持教务、学院、辅导员等多级管理机制，可以查看权限范围内的教师与学生的教与学的动态，并通过强大的数据可视化进行展示。

大数据云计算背景下外语学科智慧教学实践平台建设研究

4.英语教学应用管理系统

针对英语教学中的听、说、读、写、译、单词六大语言学习技能，设置"英语作文""听力训练""英语考试""配音""背单词""读文章"等多个英语教学模块，实现课堂教学与课后时间相结合的英语教学方式。

（二）问题解决路径

一课英语在产品设计上，将课堂互动与课后训练相结合，贯穿英语学习全流程，从英语"听说读写译词考"多个角度出发设计对应功能，符合听说读写译内部之间既互为目的又互为手段的学习模式。所有功能都互相关联、互相影响，打造高效的英语学习环境，解决英语教学信息化所面临的问题。一课英语智慧教学实践平台的特点如下。

1.一课英语智慧教学实践平台适用于多种教学场景

智慧教学的核心应是人，平台的建设应真正站在教师和学生的角度，不改变现有用户的使用习惯。智慧教学的核心不是硬件设备，一课支持在学校已有的多媒体条件的基础上，通过软件实现英语互动型智慧课堂功能，无须进行硬件的投入。同时，针对英语语言教学支持创建智慧化语言实验室，打破传统语音实验室的限制需求，采用BYOD形式，为学校创建无线移动语言实验室。

图4-4 一课适用教学场景

2. 一课教学资源共享，平台数据全链接

信息技术与英语教学的结合使得英语教学贴近教学内容，同时内容具体化，更易于学生理解接受。一课英语实现英语教学的全流程数据管理，将英语教学的课堂互动教学、课后专项训练、学生自主学习各个环节数据连通，形成英语教学管理闭环，为学校打造统一的英语教学管理平台。

3. 围绕"课程思政"建设资源共享平台

一课英语智慧教学实践平台在学习资源上保证资源时效性、动态性和时代性，支持优质课程资源共享。为支持新时代中国特色社会主义建设事业，构建中国特色的外语课程和教材体系，平台全方位主动适应"立德树人、服务国家"的教育方针，形成与国际先进教学理念和教学内容接轨的教学模式，有机融入中国元素，实现主流意识形态价值观引导，着力培养学生的中外交流与言说能力，增强其文化自信，从资源建设上满足英语类专业课程进行课程思政建设的需要。

4. 一课兼顾学习成绩和实践能力双提升

一课英语智慧教学实践平台建设英语专项互动教学平台，打造无线移动语言互动实验室，支持小班授课，分组教学，满足听力教学及口译教学需求，实现课堂及时互动。一课平台上所有教学数据及时反馈，并且为更好地提高学生英语实践能力，设置了英语专项训练，教师可根据学生的学习情况分配不同级别的任务，做到因材施教。针对学生"听说读写译"能力，一课平台分别设置不同的任务模块，学生可进行自主训练。系统AI智能评测结果，为学生创建良好的语言学习环境，使学生朝着主动学习、自主学习和个性化学习的方向发展。

为减少教师工作量，系统特设置自动发布任务功能，教师可根据班级实际教学情况发布内容及等级，系统则自动定期定时发布学习任务，方便快捷。

大数据云计算背景下外语学科智慧教学实践平台建设研究

一课英语智慧教学实践平台包含如下三部分模块。

1. 一课外语智能教学系统

一课外语智能教学系统利用信息化将计算机与英语教学紧密结合起来，实现英语教学的课前、课中和课后教师与学生的教与学的全流程应用。教师可通过系统实现课堂互动，教学数据会被及时反馈，实现英语教学过程化管理。同时，平台通过纯软件的方式创建BOYD无线移动智慧化语言实验室。平台不仅适用于传统多媒体教室智慧化改造，将语言互动课堂引入普通的课堂教学中，减少智慧教室的建设成本，而且还适用于研讨型智慧教室，实现智慧课堂的分组教学、课堂研讨，打造智慧化的英语教学新形态。

表4-1　一课外语智能教学系统

产品	版本	品牌	模块
一课外语智能教学系统	标准版	一课	互动教学
			口译教学
			听力教学
	智慧教室版	一课	互动教学
			口译教学
			听力教学
			多屏互动

2. 一课无线智慧语音室系统

为解决外语教学传统语音室硬件设备昂贵易损坏、课堂教学数据无法备档、教学无法形成有效的反馈等诸多问题，同声传译、交替传译采用网络教学互动模式，学生通过手机就可与教师进行课堂外语教学互动，无须额外的硬件设备支撑，减少了硬件设备的采购成本和管理成本。同时，系统支持智慧教室下的小班授课、分组教学，适应标准教室、语音实验室以及智慧教室的教学场景。

表4-2　一课无线智慧语音室系统

产品	版本	品牌	模块
一课无线智慧语音室系统	标准版	一课	基础平台
			口译教学
			听力教学
	智慧教室版	一课	基础平台
			口译教学
			听力教学
			多屏互动

3. 一课专项技能训练平台

一课专项技能训练平台构建专业的英语技能训练平台，支持AI智能评测，兼顾学生英语学习成绩和实践能力，从英语各分项技能着手设计"听说读写译词"应用训练模块，满足教师发布任务和学生自主学习的需求。所有模块使用统一的平台，产生完整的数据链，共享教学资源。

表4-3　一课专项技能训练平台

产品	版本	品牌	模块
一课专项技能训练平台	智能版	一课	听力训练
			配音训练
			口语训练
			阅读训练
			写作训练
			笔译训练
			口译训练
			单词训练
			自主学习

大数据云计算背景下外语学科智慧教学实践平台建设研究

英语自主学习能力培养具有重要意义。"授人以鱼，不如授人以渔。"在当前大数据和信息化时代，教育更加注重培养学生的自主学习能力。《大学英语教学指南（2020版）》指出，"大学英语的教学目标是培养学生的英语应用能力，增强跨文化交际意识和交际能力，同时发展自主学习能力，提高综合文化素养，使他们在学习、生活、社会交往和未来工作中能够有效地使用英语，满足国家、社会、学校和个人发展的需要"。因此，如何充分发挥信息技术优势培养大学生英语自主学习能力是个重要课题。

一课平台利用人工智能与大数据等核心技术，充分发挥核心技术优势，推动新信息技术与高校英语教育教学的全面深度融合，进一步打造"五维一体"的大学英语智慧教学体系，为师生、生生之间的交流协作提供渠道和平台。五维体系包括：（1）翻转课堂教学模式；（2）基于课本的学习资源；（3）立体化的课程评估模式；（4）线上学习路径；（5）课外学习资源。

一课平台对自主学习训练的意义如下。

（1）听力理解能力

平台每日更新国内外音视频资源。时事政治、名人演讲，由简至难，让学生能听懂英语广播电视节目和主题广泛、题材较为熟悉、语速正常的谈话，掌握中心大意，抓住要点和主要信息。

（2）口头表达能力

平台每日更新电影资源。学生可以采用配音的方式了解并进行实际训练，最终达到能用英语较为流利、准确地就通用领域里一些常见话题进行对话或讨论，能用简练的语言概括篇幅较长、有一定语言难度的文本或讲话，能恰当地运用口语表达和交流技巧这样的目的。

（3）阅读理解能力

平台更新公开发表的英语报刊上的文章。平台配合英语阅读翻译，增加重点单词一键查询功能，辅助学生阅读有难度的文章，理解主旨大意及细节；在阅读后需要完成的阅读笔记能够让学生对不同阅读材料的内容进行综合分析，形成自己的理解和认识。

（4）书面表达能力

平台录入英语四六级作文题目，并录入常见写作模板。写作完成后能够查看对应作文范文，系统自动批阅，纠正写作错误，锻炼学生以书面英语形式比较自如地表达个人的观点；能就广泛的社会、文化主题写出有一定思想深度的说明文和议论文，能够做到内容丰富、文章结构清晰、逻辑性较强。

（5）翻译能力

扩大词汇量，能够更深入地理解文章的含义。阅读英文文章或者杂志，提高翻译能力，能翻译较为正式的议论性或不同话题的口头或书面材料，能借助单词翻译有一定深度的介绍中外国情或文化的文字资料，译文内容准确，基本无错译、漏译，文字基本通顺达意，语言表达错误较少，能学会恰当地运用翻译技巧。

五、建设意义

根据国家关于本科教学改革和外语教指委颁布的《大学英语教学指南（2020版）》和《英语类专业教学指南（2020版）》的最新要求，各高校课程设置要兼顾课堂教学与自主学习环节，促进学生自主学习能力的发展。从学生能力成长需求出发，该系统具有实时更新的资源和多样式的测试方式，有助于学生学习了解世界各国不同的文明和文

大数据云计算背景下外语学科智慧教学实践平台建设研究

化、前沿的科学技术、先进的管理经验和思想理念；可以全面检测和跟踪大学生英语能力发展，准确评价大学生英语能力水平；并且在师生端会形成教学数据，用于师生学习复盘、大数据教学分享和反馈等。

一课是外语教学一体化平台，教师电脑+学生手机=外语全流程教学数据闭环，可以实现课前、课中、课后关于听、说、读、写、译教学流程所有功能，自动数据留痕，支持一键导出相关数据。平台操作简单化，数据一体化，成果可视化。平台对标的是教育部相关指导政策，在课程定位与性质方面，平台教学主动融入课程思政资源，落实立德树人根本任务。单项技能训练从听、说、读、写、译（含单词）几个方面进行设计，同时凸显信息技术和人工智能技术在大学英语教学中的应用，积极创建多元的教学与学习环境。实施混合式教学模式，选择科学的评价方式、方法，促进学生学习，及时提供反馈信息，以便教师不断调整和改进方法。评价注重形成性评价与终结性评价相结合，践行"教、学、管、评、测"一体化的教学管理理念。一课外语教学一体化平台的建设意义主要体现在以下三个方面。

（一）对于学校的意义：建设英语教学管理平台

平台能够辅助学校构建本校英语教学资源共享平台，打造信息化教学的统一管理。教学与信息技术融合，找到学校英语特色教育和未来教育的融合点，实现英语听、说、读、写、译、词、考多种技能的信息化管理。平台为思政英语提供大量的可靠数据支撑，提供时效性强的思政英语教学资源，与英语教学紧密结合，"润物无声"地实现思政教学。AI智慧化语音实验室教学，减少硬件设备的投入成本，实现标准多媒体实验室的智慧化改造。英语竞赛特色与信息化技术的结合，落实"以赛促教、以赛促学、学赛结合"教学模式，形成具有传承意义的英语竞赛文化。

（二）对于教学者的意义：实现常态化英语智慧教学

平台作为常态化智慧课堂应用，不改变教师授课习惯，采用PPT插件的形式，操作简单，让教师从一个平台全局把控学生在"听说读写译词考"各个方向训练的数据，进行横向对比和纵向对比。平台按照教材章节为教师提供与教材相关的授课资源，帮助教师及时反馈课堂教学数据，形成有效的课堂互动记录和英语教学分析报告，为教师的教学汇报和论文发表提供数据支撑。教师可通过大数据了解学生的学习进度并掌握程度，对重点知识进行讲解，个性化辅导。平台采用多元化的学习和测试方式，全面检测和跟踪学生英语能力，分析学习行为特征，构建学生个人学习档案。

（三）对于学生的意义：形成完整的英语学习知识链

学生通过一课平台进行英语知识的学习与锻炼，从"听说读写译词考"多角度构建完整的英语学习知识链。丰富的学习资源、个性化的学习方向选择、兴趣驱动式的训练，有助于帮助学生养成自主学习的习惯，最终实现英语实践能力和成绩双提升的目标。

第五章　一课英语智慧教学实践平台的功能

一、听力训练

（一）功能简介

一课英语智慧教学实践平台在英语学习资源上保证资源时效性、动态性和时代性。平台密切贴合时代，去国产化痕迹，每日更新丰富的国内外英语新闻，支持四六级听力考试中各种文章类型的音频。学生可根据自身实际情况，设置配音播放速度，逐步锻炼听力能力。听力完成后还能够查看全文翻译，让听力与阅读形成交叉锻炼，而且所有单词均可单击显示释义，辅助学生更好地掌握听力语料的意义。除此之外，学生能够查看文章中所有对应的重点词汇，加深学生对单词的学习印象，方便新词的学习。

（二）功能演示

1. 听力资源

系统每日更新国内外音视频新闻资源，并配有对应的练习题，按照难易程度对听力资源进行标记，方便教师对资源进行分类管理，因材施教。

2. 听力任务自动配置

为减少教师工作压力，减少平台教学操作环节，平台特设置任务自动配置功能，教师可根据班级的实际教学情况设置对应的发布任务配置内容。设置完成后，系统将会根据教师的配置自动发布对应的听力任务。

3.学生任务完成详情

学生完成听力任务后，教师能够通过管理后台查看全部学生的完成情况，包括学生的作答完成率和正确率，还能够查看某一个学生的详细的完成数据。

4.学生作答

学生端采用小程序作答的形式来听听力音频，可对听力的速度进行调整，听力完成后进行题目的作答，学生全部作答完成后显示最终听力任务得分。

5. 听力测试多种作答形式

学生端听力训练的作答形式主要包含填空模式、选词模式和整句模式，题目由平台提供，学生可点击"提示按钮"进行作答或者查看释义。

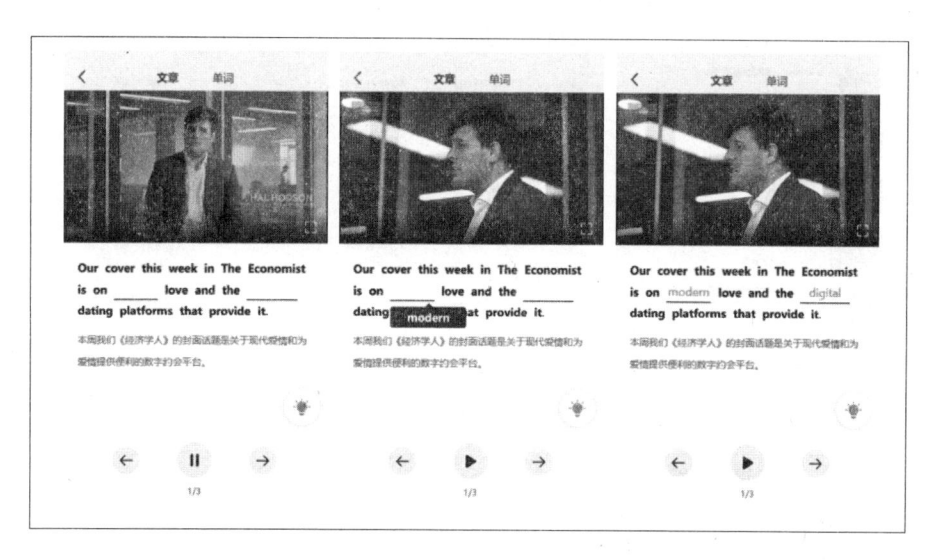

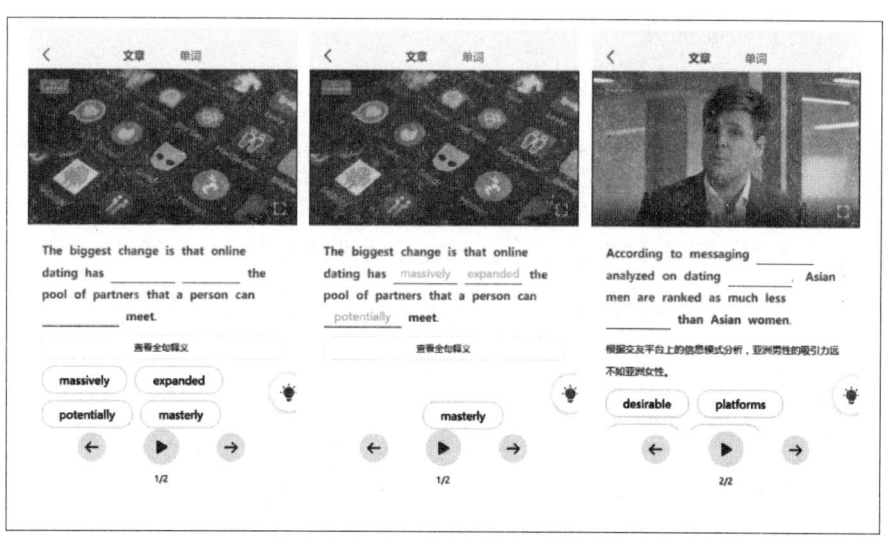

大数据云计算背景下外语学科智慧教学实践平台建设研究

6. 教师发布答案

教师可在设置听力任务结束后直接发布答案，也可手动下发听力任务的答案。答案发布后学生能够直接查看到作答详情，进行自我检查。

二、口语训练

（一）功能简介

为提高学生的口语能力，纠正学生发音，告别"哑巴英语"，平台特设置口语训练模块。模块支持教师自主上传口语文本内容，无须准备对应口语训练参考音，系统自动将文本拆分成句，并且生成模拟AI参考人声。学生口语完成后，系统自动评测分数，从准确度、完整度、流利度进行综合打分，并生成学生口语训练的详细分析报告，有效纠正学生发音，进一步提高学生的口语能力。

（二）功能演示

1. 自动分段

教师可在系统中上传自有资源，上传完成后，系统会自动将其拆分成句子，教师可根据学生的学习情况做句子合并或者拆分调整。

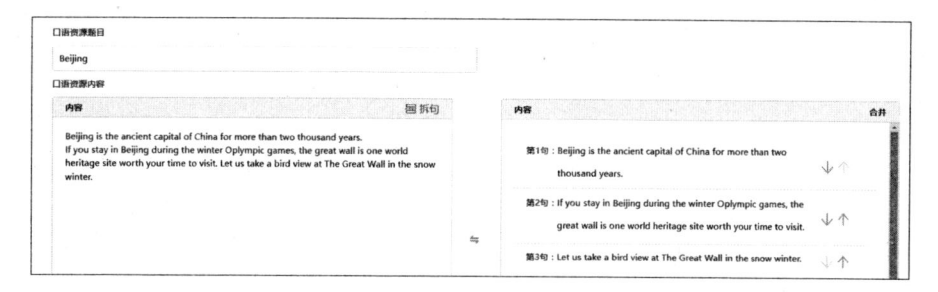

第五章 一课英语智慧教学实践平台的功能

2. 查看结果

学生口语作答完成后，平台从准确度、流利度和完整度上进行评分，最终得出学生的综合口语分数。教师可查看对应学生作答口语任务的评分结果。

3. 学生端作答

学生通过微信小程序进行作答，按照教师发布的内容进行口语训

85

大数据云计算背景下外语学科智慧教学实践平台建设研究

练，最终生成口语测评报告和详细纠正发音的结果。

三、配音训练

（一）功能简介

为增强学生英语学习兴趣，平台设置英语配音模块，日常更新电影、动漫、演讲等类型资源，让学生享受学习乐趣。学生配音完成后，系统自动评测分数，从准确度、完整度、流利度进行综合打分，能有效锻炼学生的口语能力，激发学生的学习兴趣。

（二）功能演示

1. 丰富的配音资源

系统提供多种配音资源，包括经典电影、经典美剧、纪录片等，并根据角色的数量，以及配音的难易程度进行标记，教师可根据教学需求选择需要发布的资源任务。

第五章
一课英语智慧教学实践平台的功能

2. 学生配音情况及得分情况

教师可以在后台调取学生的配音视频文件，在线观看学生的作品，查看学生的得分情况。

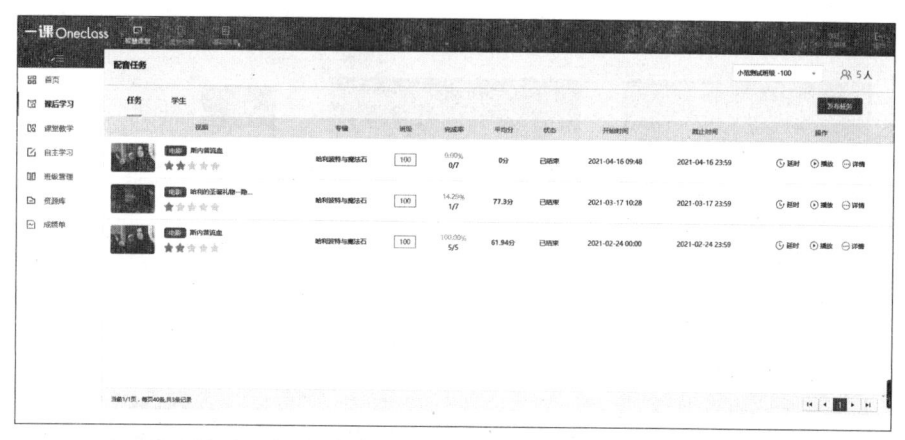

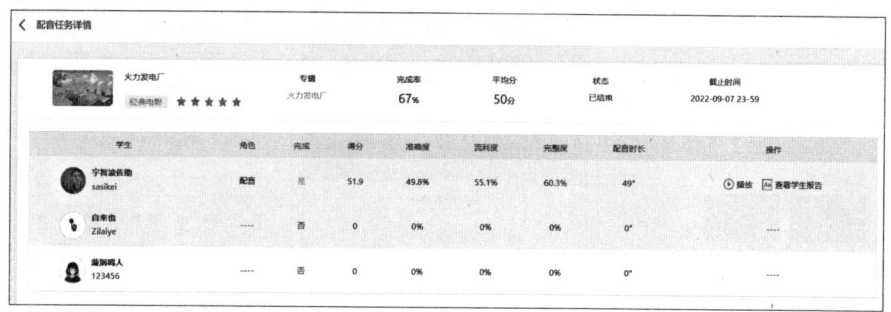

87

3.学生进行配音训练

学生可在配音的时候选择对应的配音角色,采用单句配音形式,逐句与原句进行配音对比,配音完成后可合成配音预览视频。

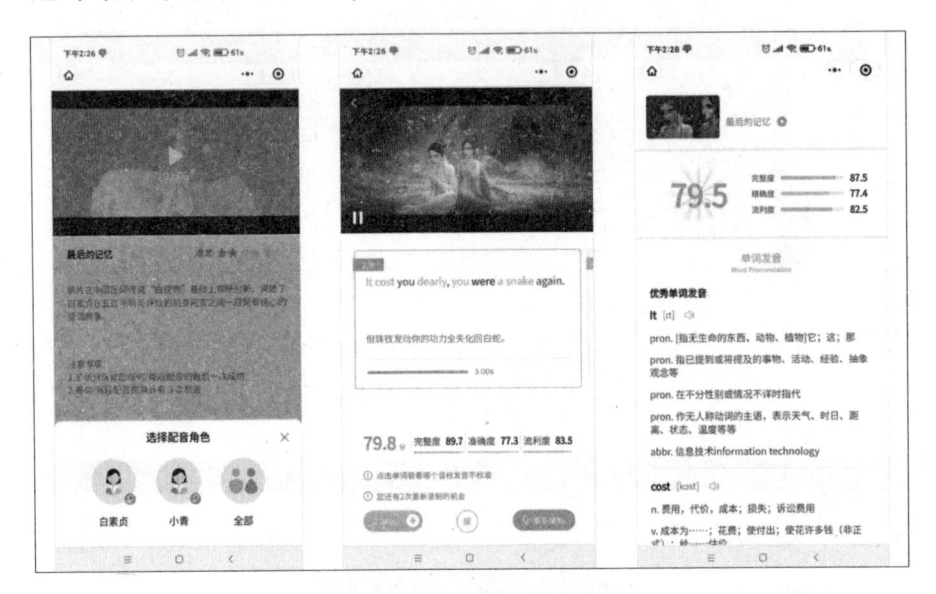

(1) 配音角色选择

学生通过微信小程序的方式进行对应的配音,系统支持多角色配音,学生可在配音的时候选择对应的配音角色。

第五章
一课英语智慧教学实践平台的功能

（2）单句配音

为更好地锻炼学生的口语能力，系统设置单句配音，能够让学生在逐句配音中与原句进行配音的对比。配音完成后系统可合成配音预览视频并完成自动评分。

4. 配音学情报告

配音完成后，系统会自动从学生发音的准确度、完整度、流利度上进行分项打分，最后形成配音的总分数。

大数据云计算背景下外语学科智慧教学实践平台建设研究

  报告记录学生所有完成配音任务的情况，并进行综合分数估值，最终以图表的方式展示学生配音能力，方便学生更有针对性地进行锻炼。

四、阅读训练

（一）功能简介

  平台每日更新阅读资源，阅读标记重点词汇，支持查看段落翻译。重点词汇还可收藏进生词本，用于单词学习，扩大词汇量，提高英语写作水平。学生还可以将"看"文章变为"听"文章，培养和增强语感，增强学习动力。听力完成后，学生可写阅读笔记，阅读笔记的形式多种多样。教师能够查看学生的阅读情况并对学生提交的阅读作业进行批阅。

第五章
一课英语智慧教学实践平台的功能

（二）功能演示

1. 英语阅读数据统计

教师可在管理后台查看全部学生的阅读情况，能够查看学生阅读文章的整体数量和阅读完成度。

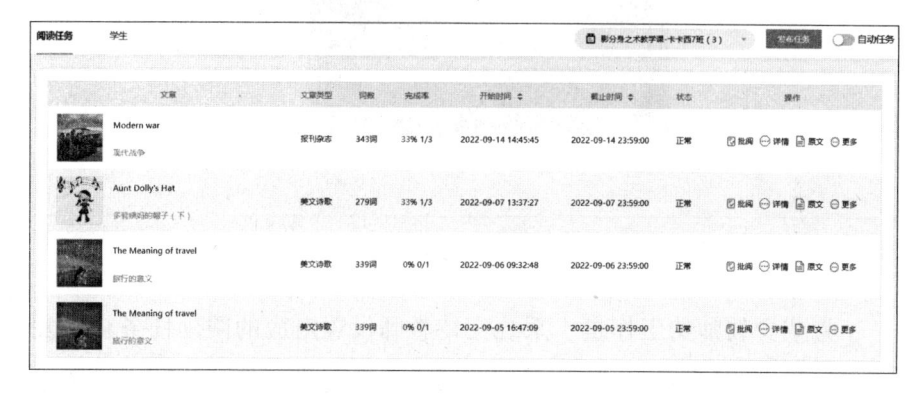

2. 阅读作业发布及批阅

教师发布阅读任务时可配有对应的阅读作业。系统支持图文、语音、附件等作业类型。教师可查看学生作业，并进行批阅反馈。

大数据云计算背景下外语学科智慧教学实践平台建设研究

3. 阅读任务自动发布

为减少教师的工作量，系统支持教师设置对应的阅读任务自动发布。教师设置任务发布的时间周期和难度星级后，系统将按照设定定时发布阅读任务。

第五章 一课英语智慧教学实践平台的功能

4. 学生完成阅读

学生在小程序上阅读，阅读完成后能够查看到对应的翻译，也能够听取对应的文章音频，还可查看对应的阅读文章中的重点单词。阅读完成后学生可按照教师的要求完成对应的阅读作业。

5. 查看学生阅读笔记

阅读完成后，学生需要提交对应的阅读笔记，教师端能够查看学生的阅读笔记内容。

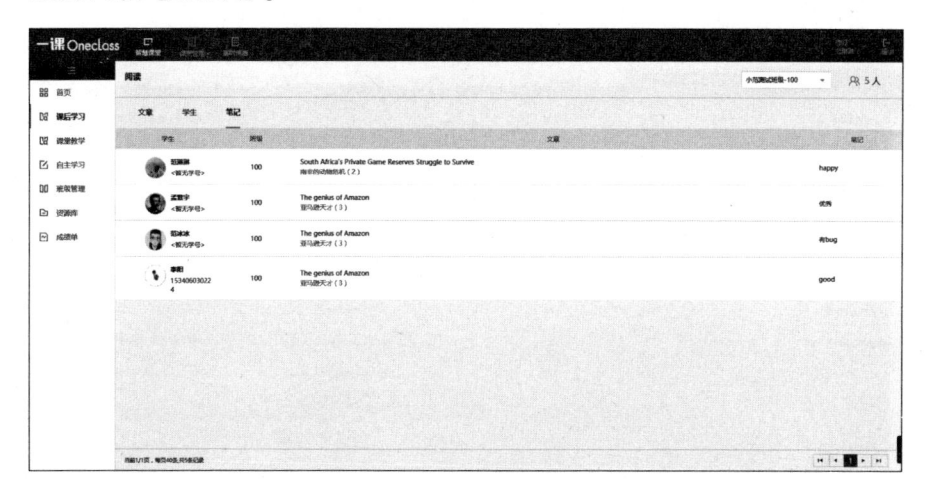

93

大数据云计算背景下外语学科智慧教学实践平台建设研究

五、写作训练

(一) 功能简介

一课英语为更好地培养学生的英语写作能力，提供了实用的作文模板，可有效锻炼学生的写作思维。除此之外，系统中的作文资源还包括历年来四六级考试中的作文题目，同时支持教师资源共享，满足英语教学需求。教师可通过后台进行作文批量自动批阅，并能准确识别英语作文的错误。学生能够通过小程序看到作文的修正意见、教师的批阅详情以及评分情况。

(二) 功能演示

1. 作文题目

英语作文题目分为公共题目（系统提供的历年来四六级真题作文）、共享题目（教师创建题目，开启共享）、我的题目（教师自建题目）、我的收藏（公共题库和共享题库中收藏的题目）。

2. 作文模板

作文模板由教师添加。根据教学需求，教师可添加不同的模板，可对模板进行分类管理。

3. 作文自动批阅

作文采用自动批阅的方式。学生提交作文后，系统将进行自动打分，同时根据作文的词汇得分、语法得分、逻辑得分、内容得分进行综合评分并形成详细的错误分析报告。教师可输入对应的评语内容，批阅后发布给学生。

4. 作文查重分享及退回

教师可通过网站对学生作文进行查重，还可将作答优秀的文章分享给全班同学，作为范文学习。如果学生作答较差，教师还可以将作文任务退回，让学生重新作答。

5. 学生作文作答

学生通过微信小程序进行作文题目的作答，支持作文作答的方式包括粘贴题目、上传文件、拍照读取作文，以及图片识别的形式。学生作答完成后，系统自动批阅，生成对应的写作批阅详情和学情报告。

第五章 一课英语智慧教学实践平台的功能

6. 查阅批阅情况

教师完成批阅后，学生端能够查看到对应的错误解析和作文批阅详情，还能够查看评分及教师评语。

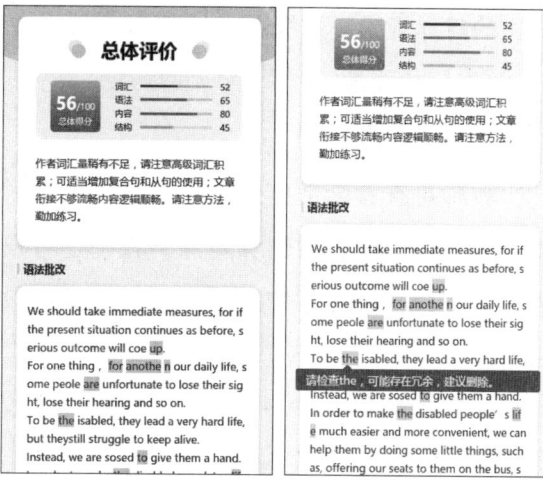

7. 查看写作综合报告

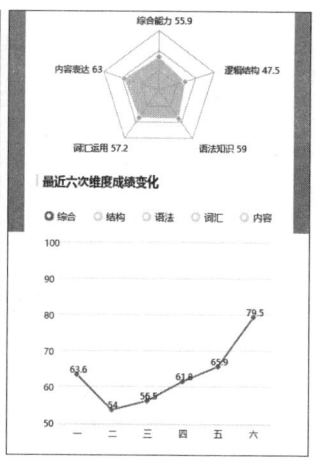

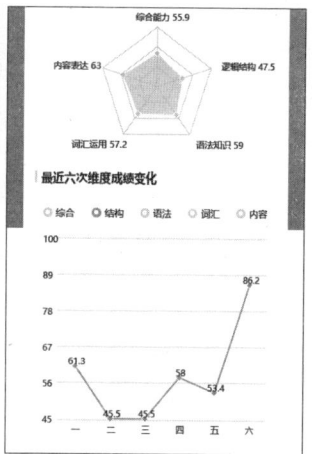

六、口译训练

（一）功能简介

一课口译训练系统资源丰富，操作简单，教师可一键利用平台资

97

大数据云计算背景下外语学科智慧教学实践平台建设研究

源进行任务发布，同时系统地支持教师上传自有资源，支持资源共享。学生通过微信小程序进行口译训练，提交口译任务。教师能够实时查看学生的作答情况，可一键下发原文译文，供学生进行学习。为还原真实的口译场景，系统还支持教师在布置任务的时候设计增加干扰音。

（二）功能演示

1. 口译任务管理

教师可查看全部已经下发的口译任务，并对任务进行管理，系统支持任务的延时、撤销和删除。教师还可根据教学情况查看学生的作答详情，包括学生作答的平均分、完成率以及各项任务的最终分值。

2. 教师批阅口译

教师可在系统中对学生的作答情况进行批阅，针对作答不合格的同学还可以退回，让学生重新作答。

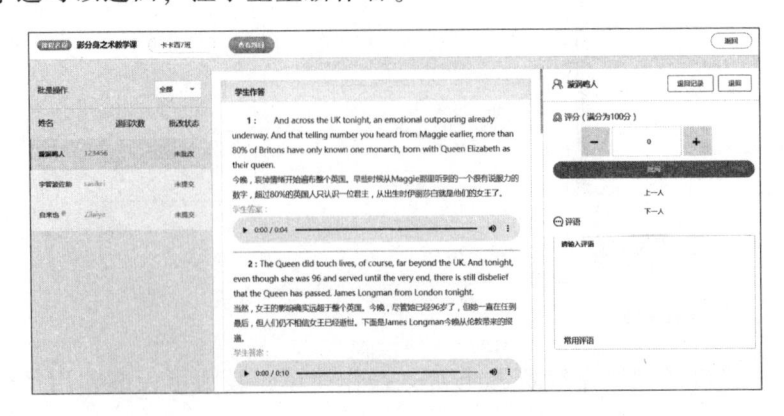

3. 口译资源管理

教师可在口译系统中引用公共资源、共享资源或者自己上传自有资源进行任务发布，并可查看资源的内容。

4. 学生作答情况

学生通过微信小程序进行口译的作答。学生录音完成后，可听取原声和译音进行巩固学习，还可以通过教师发布的原文和译文进行口译检查，并能接收到教师的批阅分数和评语。

七、笔译训练

（一）功能简介

一课笔译训练系统每日更新大量笔译资源，能够让教师直接引用发布，同时支持教师上传自有资源和资源共享，也支持选择翻译形式为汉译英或英译汉，操作简单，形式多样，能够有效满足教师的教学需求。学生通过微信小程序即可进行笔译训练。教师可下发对应的原文译文，有利于学生进行巩固学习。系统还支持教师批量批阅，减少教师的工作量。

（二）功能演示

1. 任务管理页面

教师可以对任务进行管理，系统支持任务撤销和删除任务。教师可以在任务列表页下发任务的答案，让学生进行学习。教师可管理学生的全部任务，可查看学生在笔译训练上所获得的分数，以及对应的作答详情，查看学生全部笔译任务的完成率和平均分数。

2. 笔译任务发布

教师可直接引用平台资源进行发布。系统支持设置笔译翻译的类型为汉译英或英译汉，也支持教师在选择资源的时候选择公共资源、共享资源或者教师自有资源，以及收藏的资源。

第五章
一课英语智慧教学实践平台的功能

3. 资源上传

笔译系统资源支持教师上传自有资源，支持按照段落进行资源上传，便于教师批阅作业。

4. 教师批阅

教师可在系统中对学生的笔译作答情况进行批阅：可针对笔译的

101

原文译文进行对照批改；针对作答不合格的同学还可以进行退回处理，让学生重新作答。

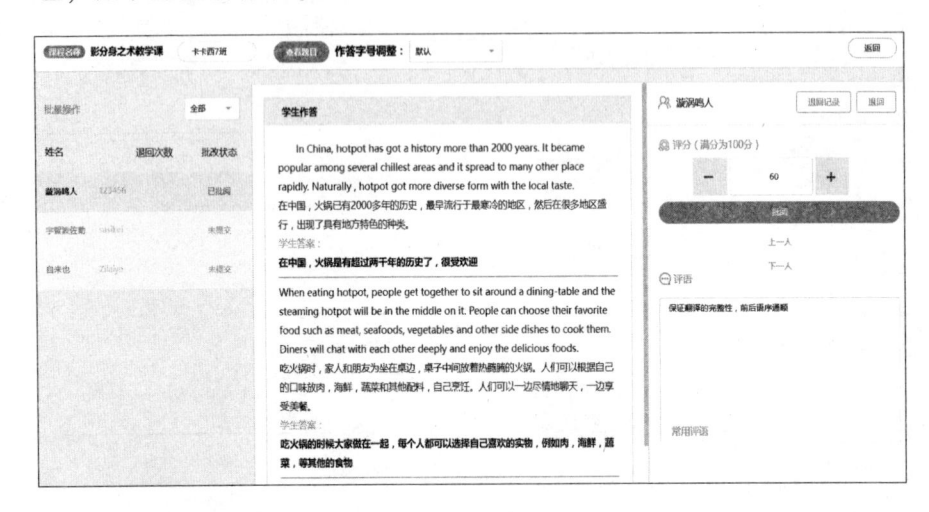

5. 学生作答情况

学生通过微信小程序查看需要翻译的内容，然后进行段落翻译，翻译完成后提交任务。学生在教师批阅后可查看教师批阅评语和评分，教师下发原文译文后还可巩固学习。

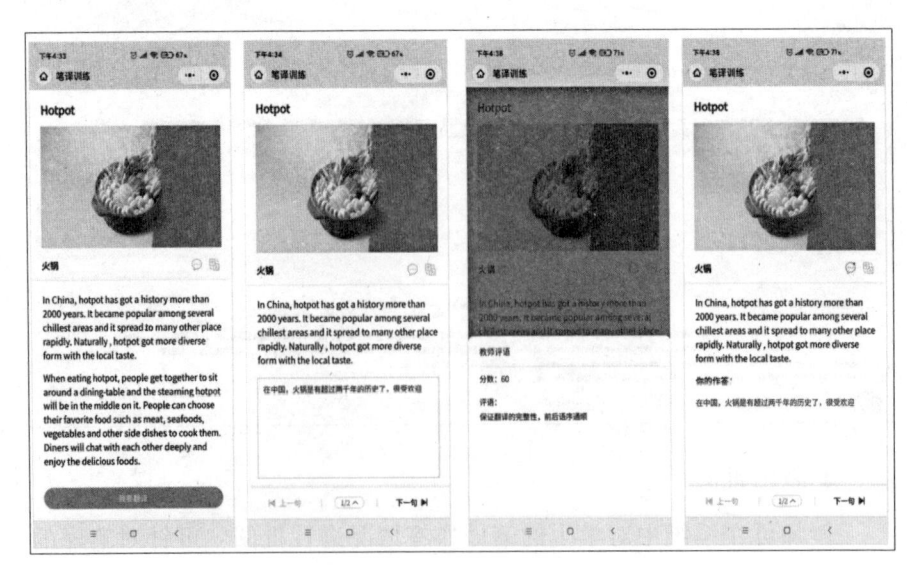

八、单词训练

(一) 功能简介

在背单词模块，系统录入精准的单词词库，包含四六级、专四专八、托福雅思、考研、教材等多类单词库，学生可根据能力进行分级选择。学生可设置每日新词和复习词的比例及数量，利用科学的艾宾浩斯遗忘曲线，不断巩固单词的记忆。每个单词都有对应的例句、英英释义，把单词与实际场景结合起来。教师可实时查看并提醒学生背单词的进度；通过对每个学生已会单词的随堂考试对学生进行监督；每个学期举办背单词大赛，将枯燥的单词记忆趣味化。

(二) 功能演示

1. 单词学习任务管理

在单词统计上，系统能够对教师发布的单词任务进行查看和数据统计与分析。系统还支持查看某一学生的全部学习历程和学习过程，以及学生学习的新词数量、复习次数和测验的正确率。

(1) 单词学习数据统计

在单词统计上，系统能够对教师发布的单词任务进行查看和数据统计与分析。

(2) 单词学习打卡情况

教师可在系统中查询全部学生的单词背诵打卡情况，了解学生背单词的进度和详情。

(3) 学生学习情况

系统支持查看某一学生的全部学习历程和学习过程，以及学生学习的新词数量、复习次数和测验的正确率。

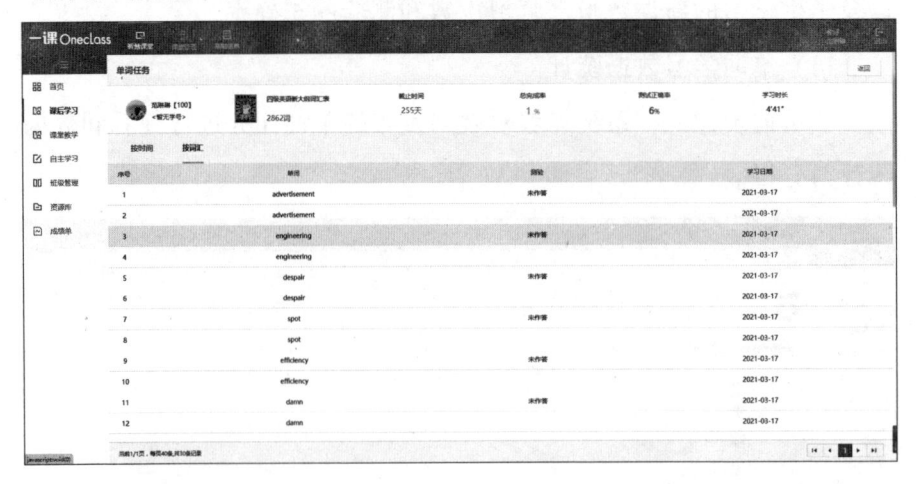

2. 单词库资源类型

系统录入精准的单词词库，包含四六级、专四专八、托福雅思、

考研、教材等多类单词库，教师可根据需求进行词库选择。

3. 学生背单词任务

学生通过小程序开启背单词任务，可设置背诵的新词和复习词的比例，可对单词进行对应的学习标识，在学习完成后还有对应的单词测验。测验的题目类型包括选择题和听写题目等。

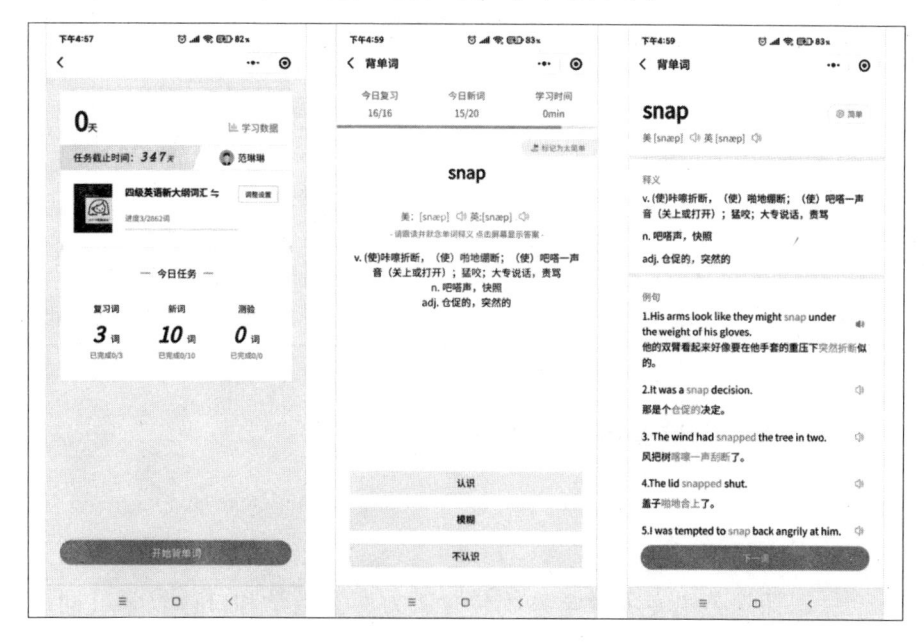

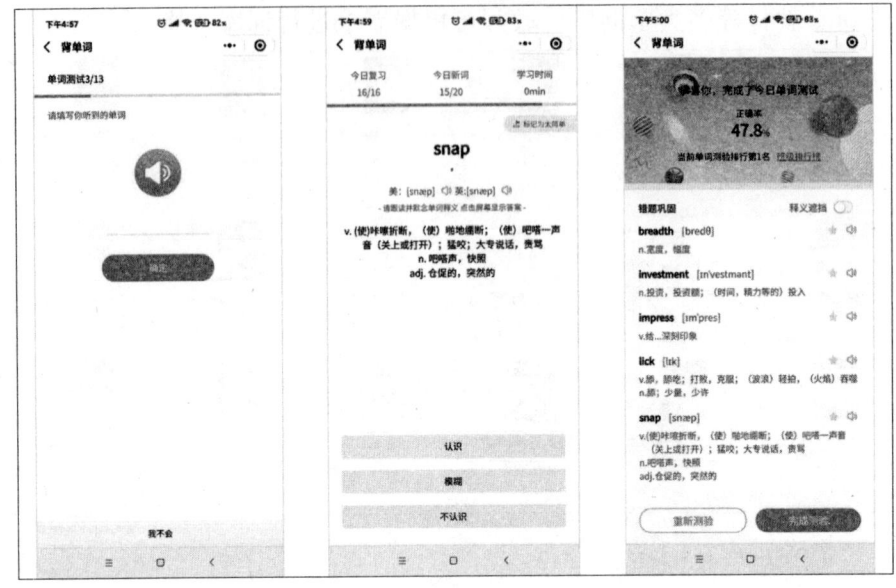

大数据云计算背景下外语学科智慧教学实践平台建设研究

九、课堂英语专项教学系统

（一）功能简介

一课课堂英语专项教学系统包含听力课堂教学和口译教学（同声

传译和交替传译），为教师课堂口译教学提供快捷的音视频编辑工具，可将视频分段，便于英语教学的课堂反馈。系统包含大量听力和口译资源，支持多种作答形式，让英语教学的课堂教学数据清晰，并可统计学生的完成情况。

（二）功能演示

1.课堂英语专项教学系统

教师可通过教师端开始授课，选择所需要的功能进行任务发布。

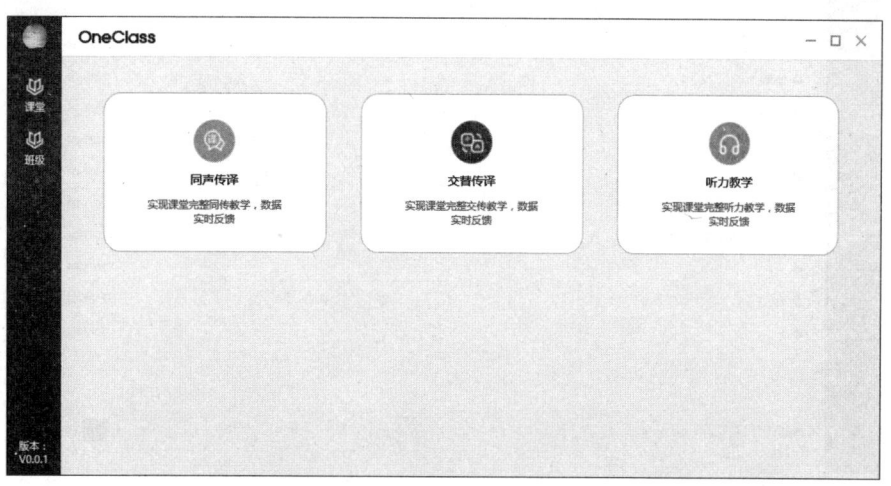

大数据云计算背景下外语学科智慧教学实践平台建设研究

2.课堂教学系统资源

系统主要包含开放资源、学校资源和我的资源。系统支持学校资源共享，教师也可创建自己的资源，对个人教学资源进行管理，直接选择对应的资源发布给学生。

3. 教师自主设计资源分段

系统为教师提供快捷方便的音视频分段工具，只需要教师上传自有资源，然后进行快捷操作即可，同时支持上传分段资源对应的原文和译文。

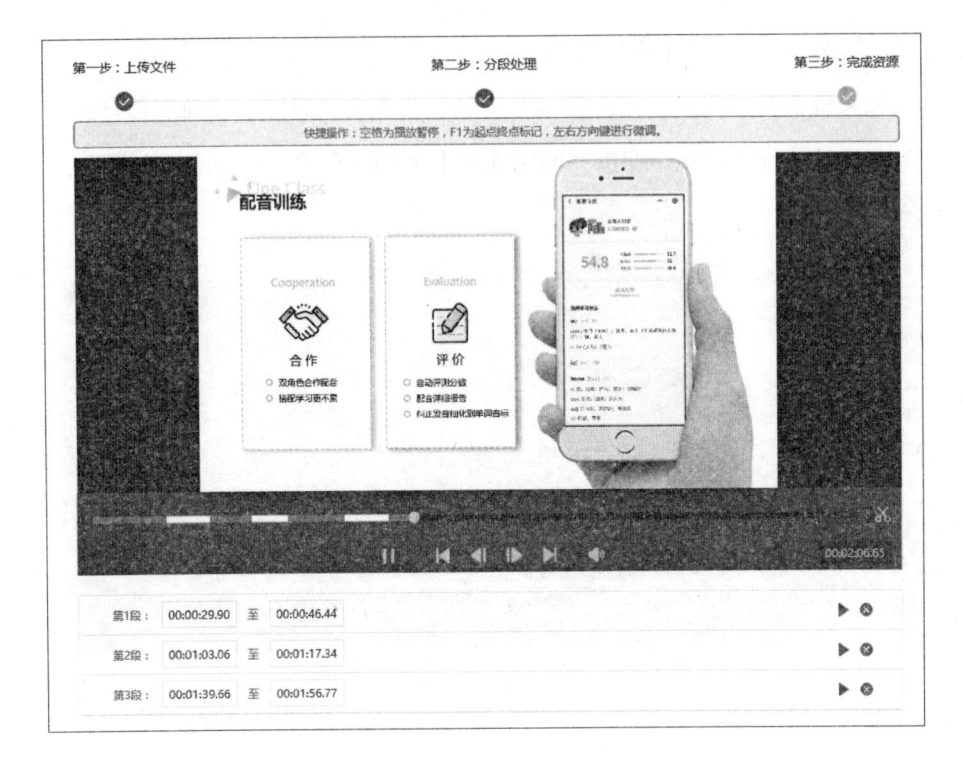

大数据云计算背景下外语学科智慧教学实践平台建设研究

4. 学生口译作答

学生能实时接收教师发布的课堂训练口译任务，可通过小程序完成任务。系统支持教师听取学生的译音和原声合成声音，学生作答完成后，教师还可下发原文译文作为学生学习的参考资料。

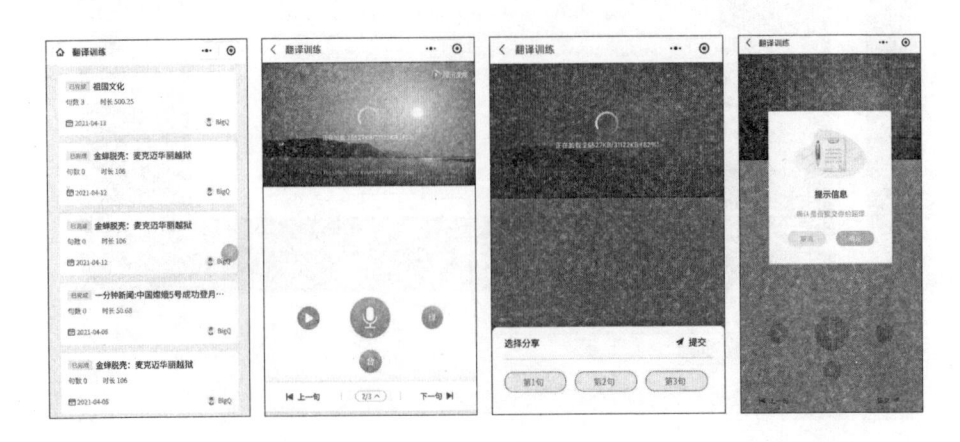

第五章
一课英语智慧教学实践平台的功能

5. 课堂听力教学

教师可引用平台资源或者选择自有资源进行任务发布，同时可在课堂上实时查看学生的作答情况，通过热力图的方式记录学生的反馈情况。

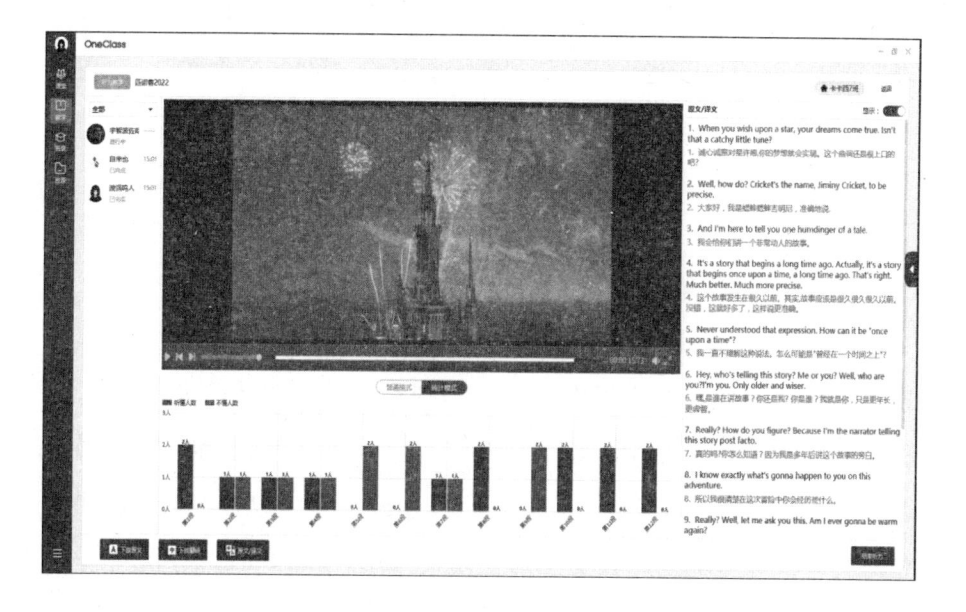

111

大数据云计算背景下外语学科智慧教学实践平台建设研究

6.学生听力作答

学生能实时接收教师发布的课堂训练听力任务，可通过小程序进行课堂听力学习情况反馈，标记"懂"或者"不懂"。学生作答完成后，教师还可下发原文译文作为学生学习的参考资料。

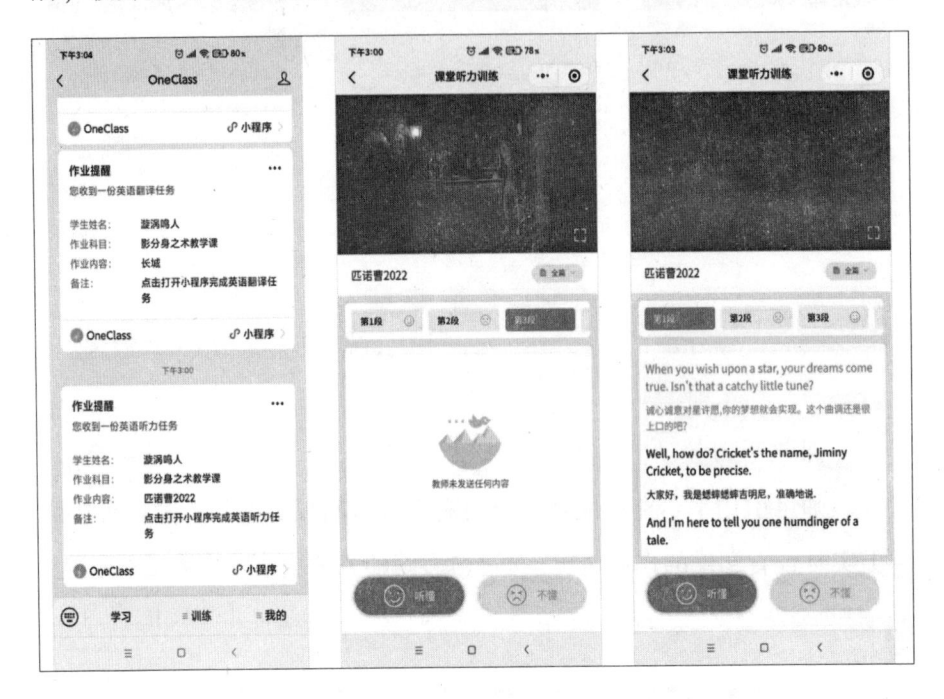

十、课堂互动教学系统

（一）功能简介

一课课堂互动教学系统解决了传统课堂教学中存在的单向"填鸭式"的教学问题，师生可在课前、课中和课后通过平台进行双向互动。教师通过课堂数据的实时反馈对学生实施个性化培养，真正做到以学生为中心、以成果为导向。课堂互动教学系统包含了课前、课中和课后，教师与学生的教与学的全流程应用。教师在课前可使用PPT

应用进行备课；课中，教师可以使用测验、提问、抢答、评分等功能与学生建立互动；课后，教师可以发布作业，学生通过小程序作答。

（二）功能演示

1. 签到

系统拥有智能考勤功能，学生可通过扫码或输入签到码的方式进行考勤。教师可查看每堂课的考勤情况，同时可对学生的状态进行标记（病假、事假、早退、迟到、旷课）并设置对应扣分规则。

2. 学生分组

系统拥有学生分组功能，提供多种分组方式，满足小组研讨互动式教学需求。教师只需要在PPT当中选择学生分组，根据实际教学情况选择对应的分组形式就可一键完成分组。小组合作的方式能够让学生主动参与学习，充分发挥教师的主导作用与学生的主体作用，共同促进课堂教学工作的开展。

3. 课堂测验

教师在课前只需要打开PPT，根据教学内容的需要在其中插入对应的题目即可，操作简单，轻松上手。课堂题目类型包括单选题、多选题、填空题、判断题、问答题、翻译题，题型丰富。系统支持设置答案解析，教师可在课堂调取学生的作答结果，有效增强了课堂互动效果。

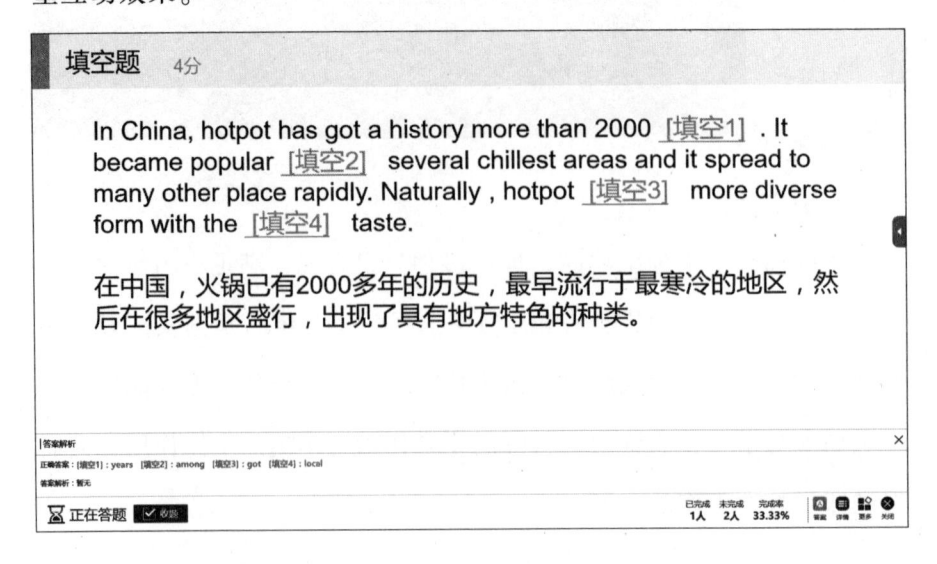

4. 评分

教师在课堂上针对课上的学习成果、作业等进行评分，学生通过微信小程序参与评分。教师可以选择学生之间互评，也可以选择小组之间互评。评分完成后，成绩可以按照从高到低的顺序进行排列。

5. 课堂互动工具

课堂互动工具采用侧边栏快速调用的方式，主要工具包括白板、标记、截图、提问、抢答、弹幕等功能，辅助教师快速调动课堂学习氛围，提高学生的参与度。

6. 课后作业

除英语教学特有的课后专项训练之外，系统支持教师发布课后作业。作业发布方式有三种：一是直接发布问答题形式，作答方式包括图文、录音、上传文件；二是从题库中抽题以测验的形式布置课后作业；三是通过试卷库以整卷组卷的形式进行课后作业下发。系统默认将客观题自动批阅，主观题留给教师批阅。

十一、学生自主学习系统

（一）功能简介

在学生自主学习模块，及时更新对应的资源，学生可通过小程序进行听力、阅读、写作、配音的学习，以及英语专题的自主学习。所有模块均智能化评测，无须教师评测，操作简单。学生学习完成后还能够进行自学打卡，有助于养成良好的学习习惯。

（二）功能演示

学生可以通过小程序进行自主学习。系统支持学生在学习完成后查看学习记录，并进行打卡。

十二、资源库管理

（一）功能简介

平台提供资源库管理功能，支持教师上传多种资源，并且支持创建群组网盘，群组内支持共享教学材料，所有的资源支持从网盘中一键发布给班级的学生。学生查看资料后，教师还可统计学生查看资源的时长。

（二）功能演示

1. 教师资源网盘

系统支持教师上传自有教学材料，并可进行分类管理，教师也可直接将资源发布给班级。系统支持同时发布给同一课程下的多个班级。

大数据云计算背景下外语学科智慧教学实践平台建设研究

2. 教师群组网盘

为方便同一教研室之间的教师资源共享，系统支持教师创建群组网盘，邀请本校教师加入共享教学材料。

3. 学生查看资源

教师分享学习材料后，学生端能够通过手机微信小程序查看到全部教学材料。系统支持将教师分享的材料下载到本地。

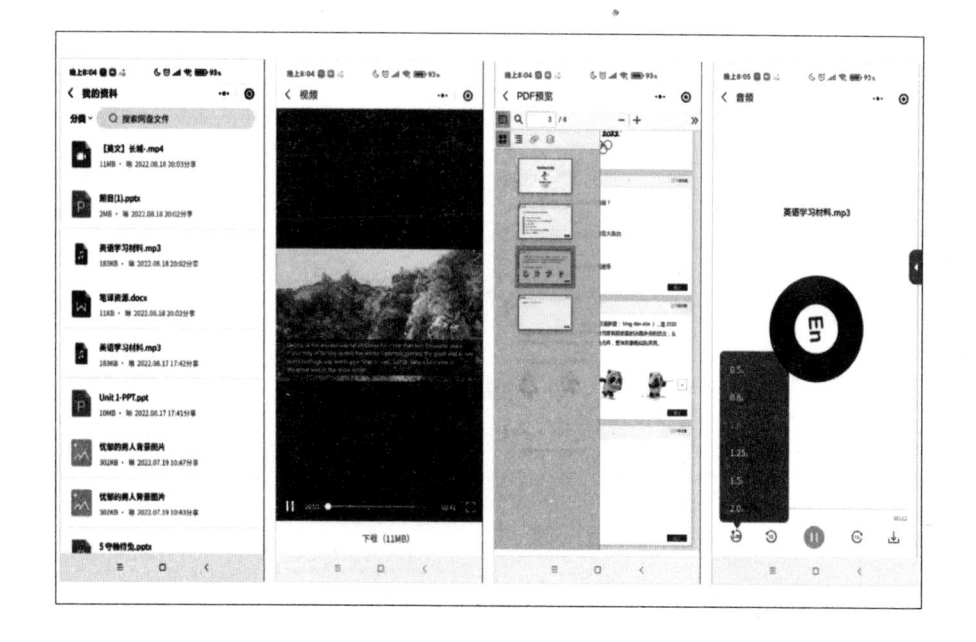

十三、习题库管理

（一）功能简介

习题库支持校企共建，教师可以上传自有英语测验题目、教材题目等，平台也提供了多种英语专属题型，例如听力、段落匹配、阅读等，支持教师抽题组卷发布习题测验，采取智能批阅方式，辅助教师快速完成阅卷。

（二）功能演示

1. 习题库题目上传

系统支持教师上传自有题目资源，教师也可抽题组卷发布给班级，并且可以同时发布给同一课程下的多个班级。

大数据云计算背景下外语学科智慧教学实践平台建设研究

2. 四六级题库资源

系统提供历年来四六级真题资源，支持教师直接以套卷的形式进行发布，也支持教师发布的时候选择试卷中的某一题型进行单独发布。

3. 习题数据管理

教师可在后台查看学生的习题完成情况，也可查看学生作答的详情。系统支持客观题快速批阅，并清晰展示学生作答详情。

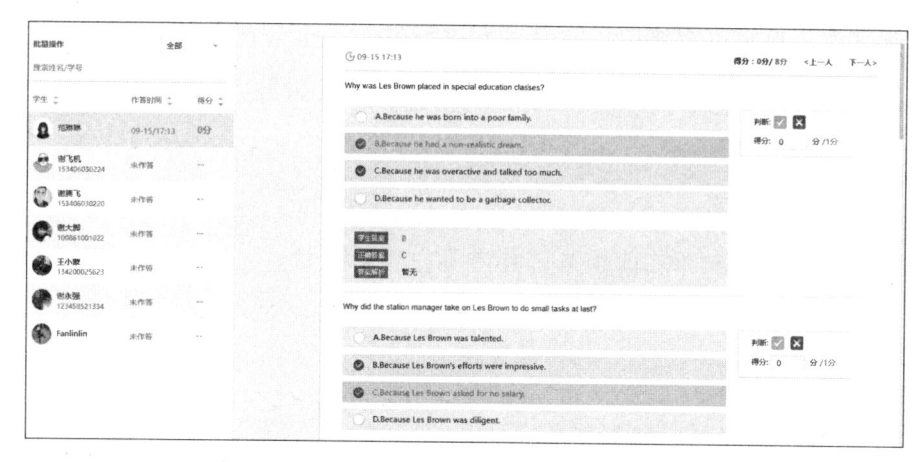

4. 学生完成习题

学生通过微信小程序接收习题任务，查看任务的具体要求，进入系统中进行任务作答，题目作答完成后提交习题任务。

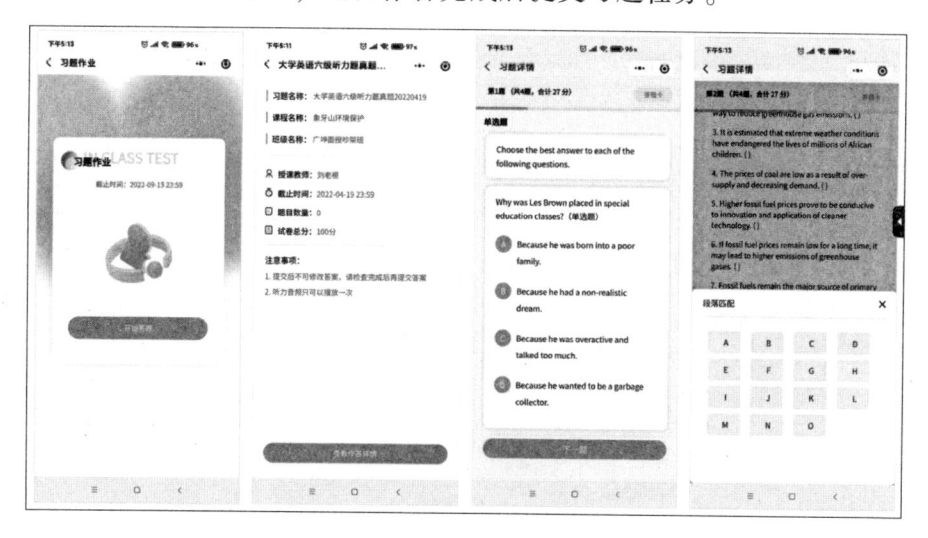

十四、试卷库管理

（一）功能简介

试卷库资源丰富，包括历年来四六级、专四专八、考研英语等真题试卷。教师可直接引用整套试卷进行发布，也可自由组卷进行试卷发布。

（二）功能演示

1. 试卷查看

教师可在发布之前预览试卷内容，查看题目。

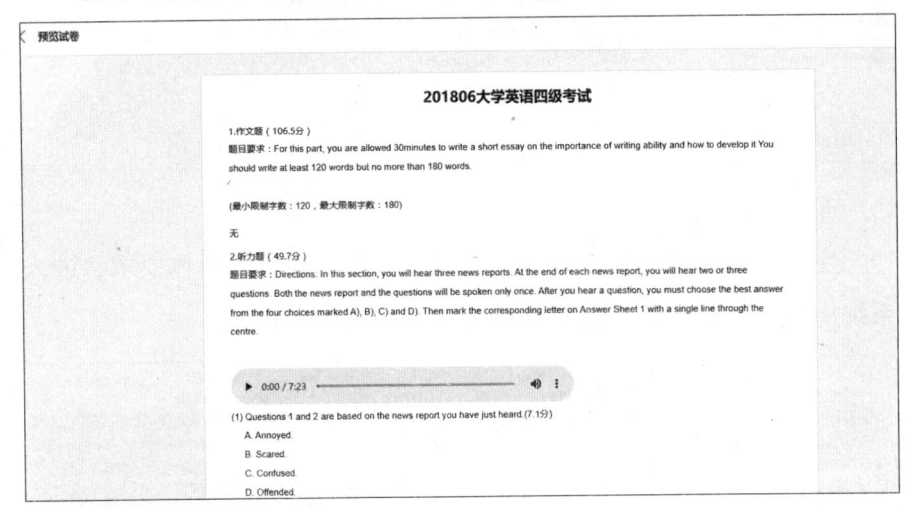

2. 试卷发布

试卷发布成功后，学生通过小程序进行作答。客观题系统自动批阅，主观题需教师进行批阅。

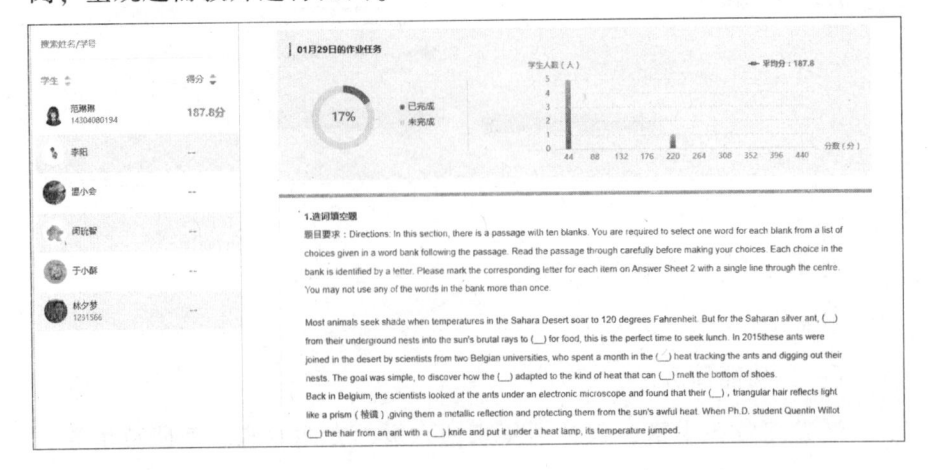

十五、成绩单管理

（一）功能简介

平台为教师提供了完整的成绩导出机制，教师无须额外手动统计。平台通过简单的分值配置即可将"课堂教学+英语专项训练+学生自主学习"的完成情况转化为成绩单。各项成绩均支持自定义设置分数权重，可一键生成综合成绩单和各项成绩明细，并可直接导出成绩单数据Excel表格。

（二）功能演示

1. 成绩单设置

平台支持课堂教学、英语专项训练、学生自主学习的各项成绩单的自定义设置。教师可根据实际教学需求设置成绩占比，输出的成绩可同步到同一课程下的其他班级，减轻教师成绩单数据统计负担。

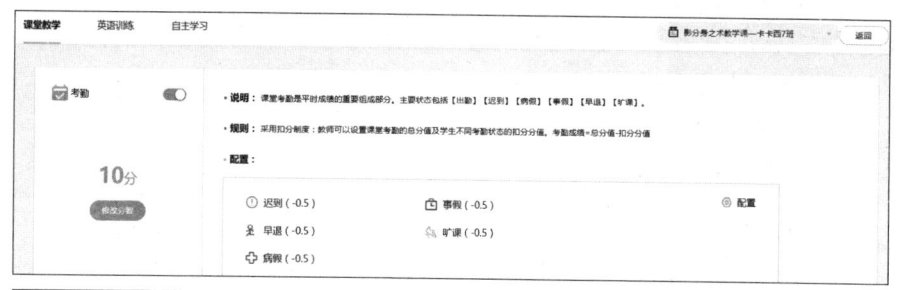

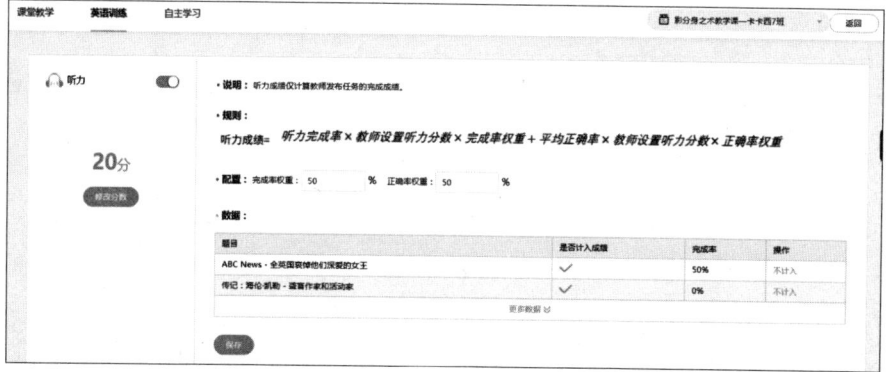

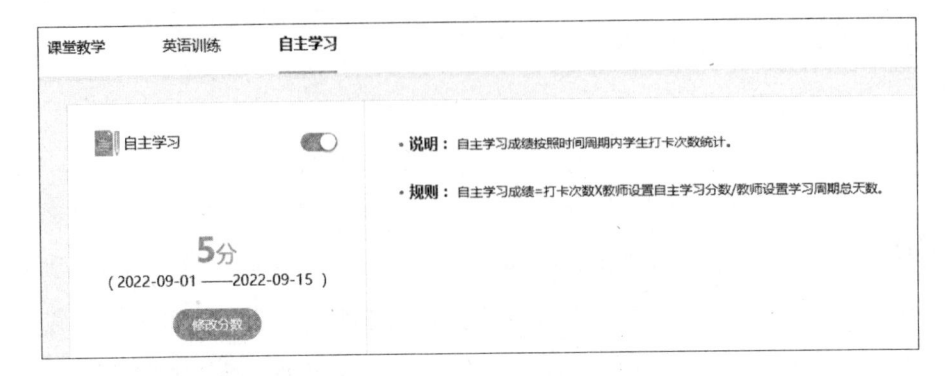

大数据云计算背景下外语学科智慧教学实践平台建设研究

2. 成绩导出

系统支持教师自定义导出所需要的成绩数据，以勾选的方式选择需要导出的成绩数据，最终以Excel表格的方式记录学生的成绩明细。

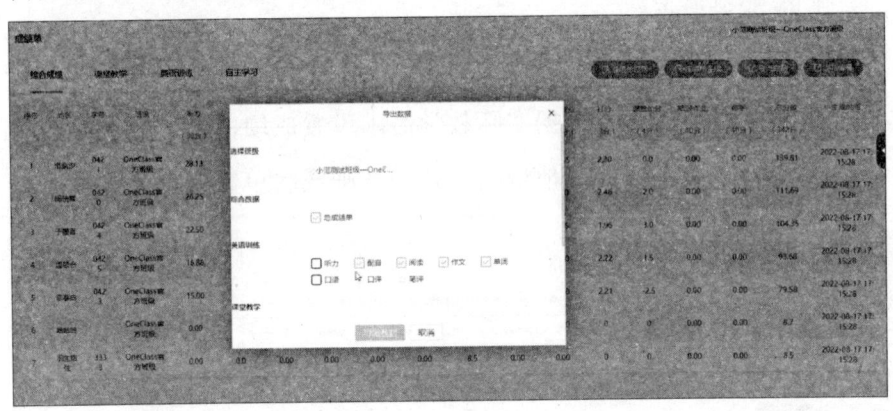

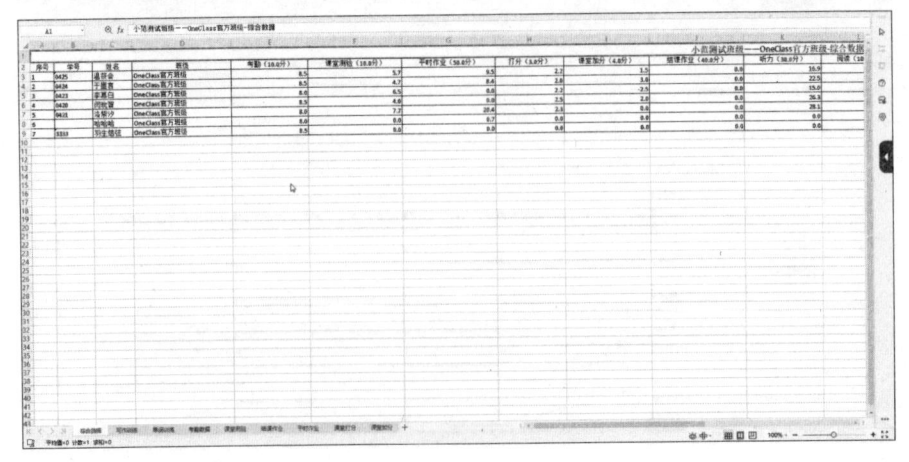

第六章　一课英语智慧教学实践平台的效果

一、一课英语智慧教学实践平台使用案例

（一）建立教改实验班，使用一课（OneClass）辅助教学

2022年6月组建一课外语教改实验班，2022年7月暑假期间，云创公司对实验班授课教师进行了为期1个月的线上培训。下面是相关培训的案例。

1.培训过程截图

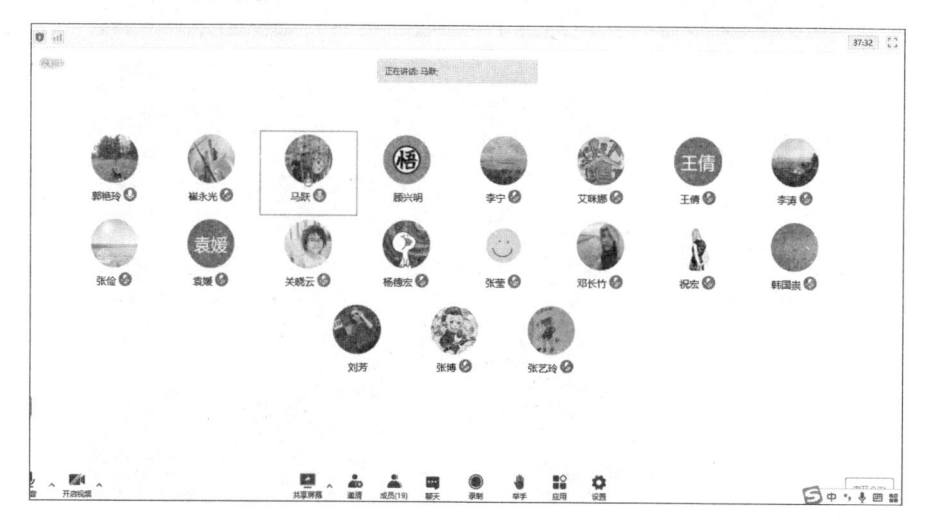

大数据云计算背景下外语学科智慧教学实践平台建设研究

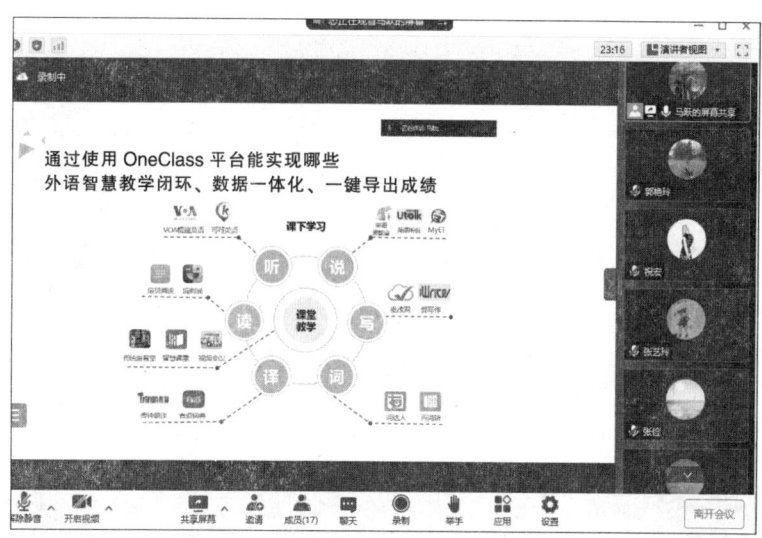

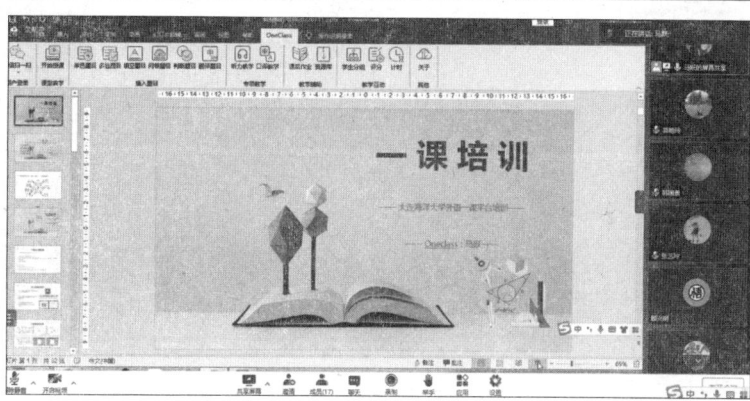

第六章
一课英语智慧教学实践平台的效果

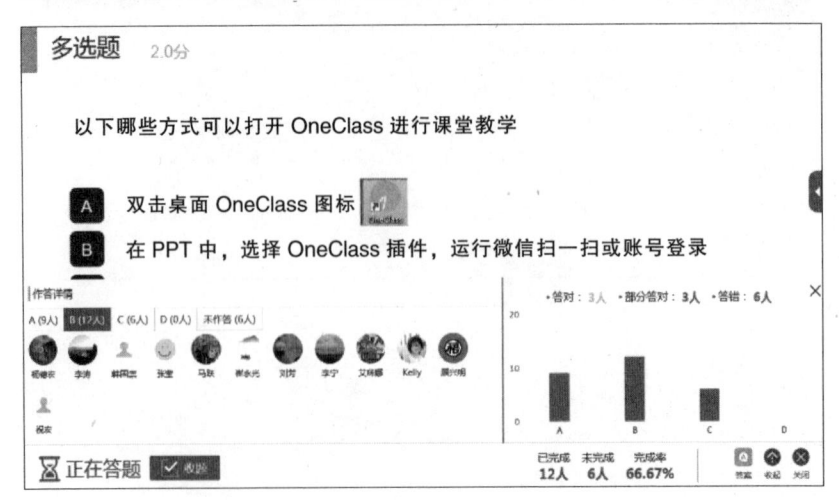

大数据云计算背景下外语学科智慧教学实践平台建设研究

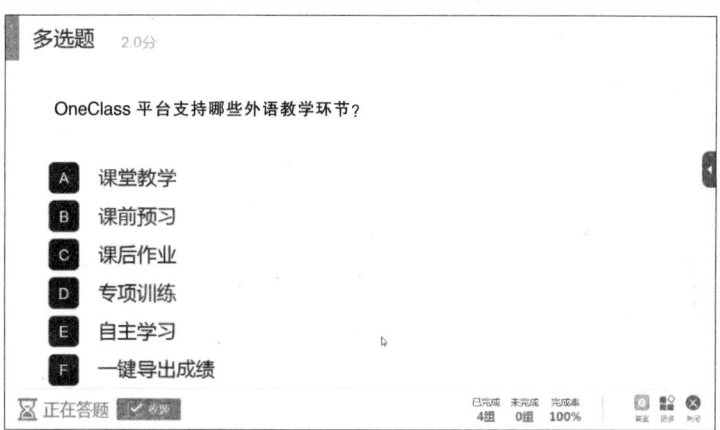

第六章
一课英语智慧教学实践平台的效果

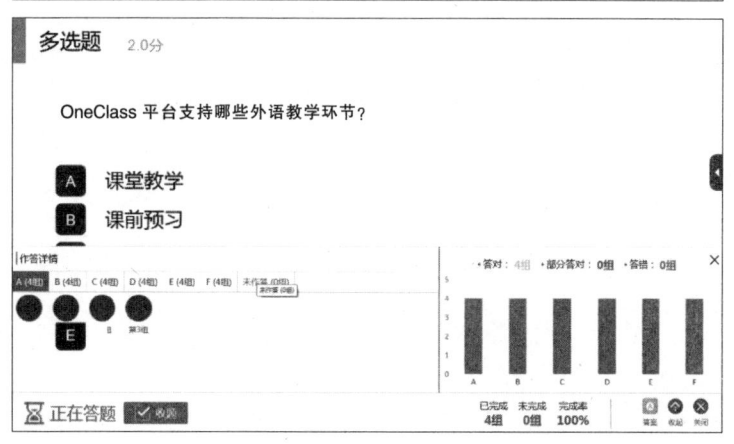

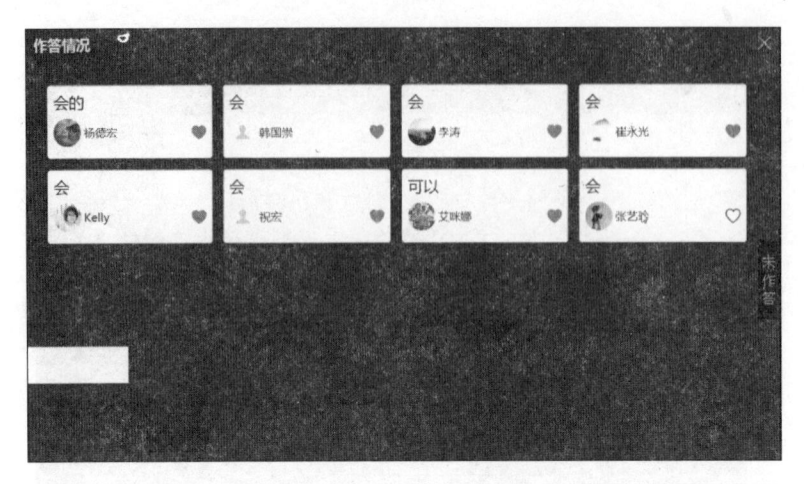

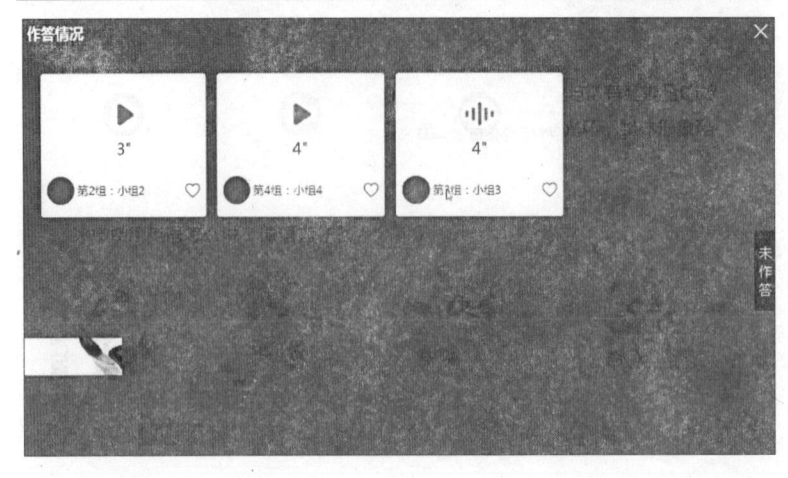

大数据云计算背景下外语学科智慧教学实践平台建设研究

第六章　一课英语智慧教学实践平台的效果

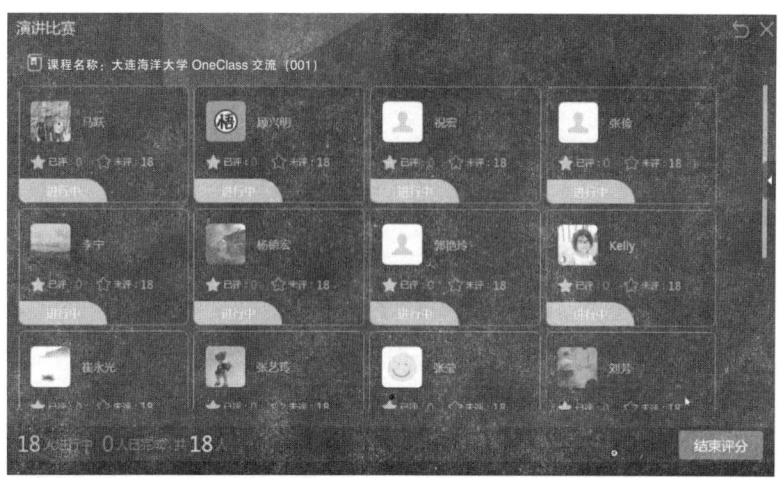

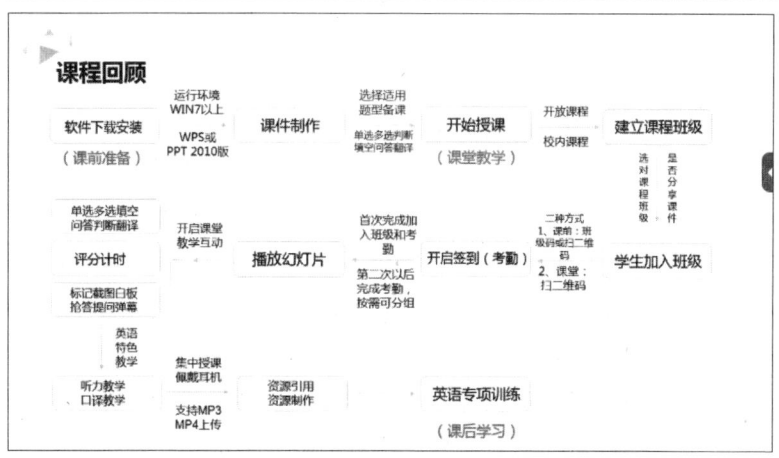

大数据云计算背景下外语学科智慧教学实践平台建设研究

2. 学校官网关于培训的介绍

3. 教师暑假培训证书

(二) 一课平台使用数据案例

大连海洋大学外语教师共57位，累计使用一课平台教师数量为35位，累计354课次，累计签到9618人次，累计发布专项训练任务1459项（统计于2023年5月19日），累计发布课堂教学任务1070项。

1. 累计发布专项训练任务1459项

听力任务数	配音任务数	文章任务数	作文任务数	单词任务数	口语任务数	口译任务数	笔译任务数
725	53	272	60	291	6	3	20

第六章 一课英语智慧教学实践平台的效果

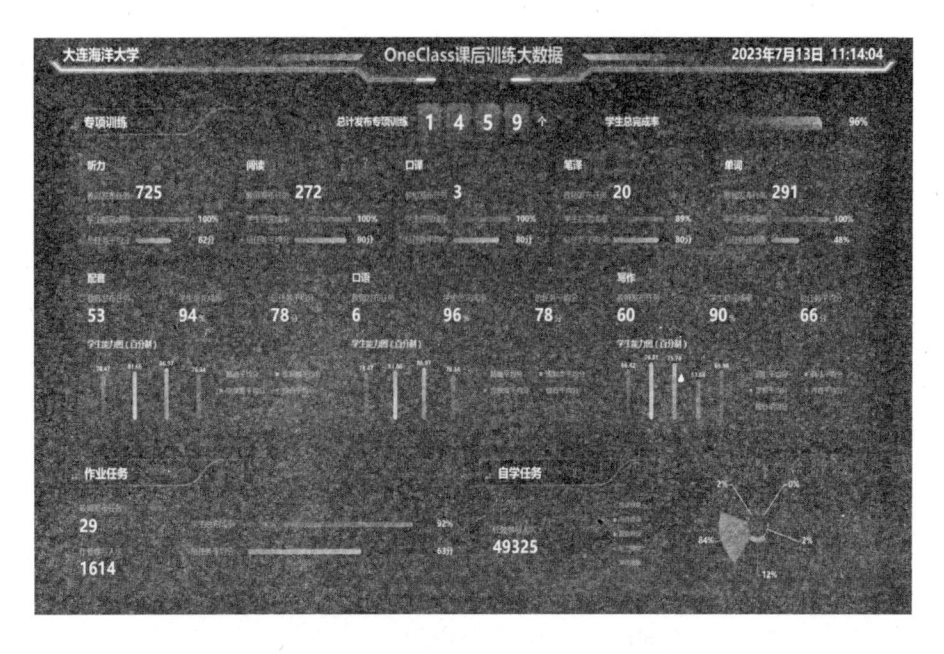

2. 累计发布课堂教学任务1070项

作业	测验	提问	抢答	弹幕	课堂听力	同传	交传
29	610	137	17	248	21	7	1

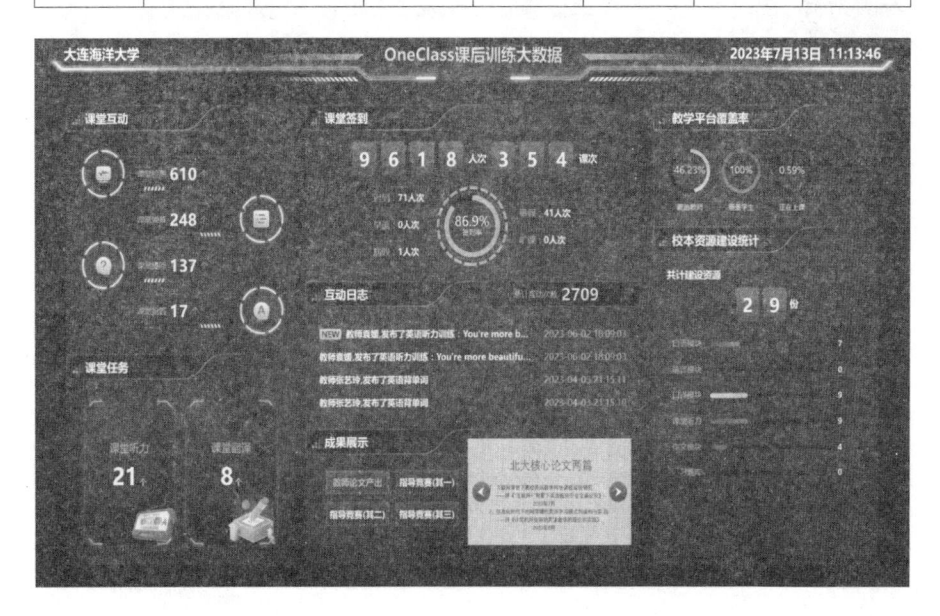

133

大数据云计算背景下外语学科智慧教学实践平台建设研究

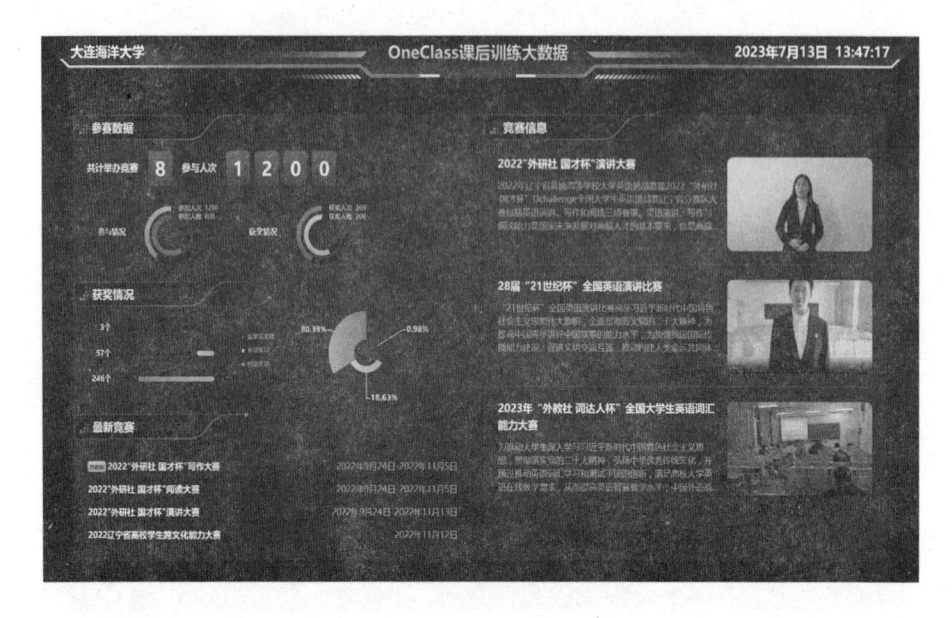

（三）教师自建词库，丰富教学资源

教师自建了大学英语艺术类、英语精读单词库等校本资源共29份，丰富了教学资源。

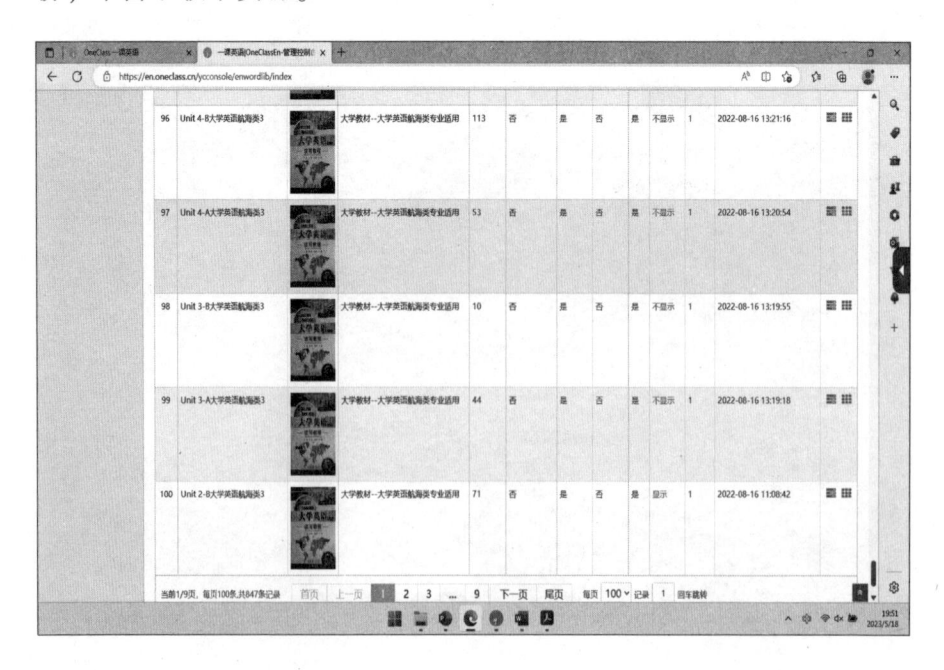

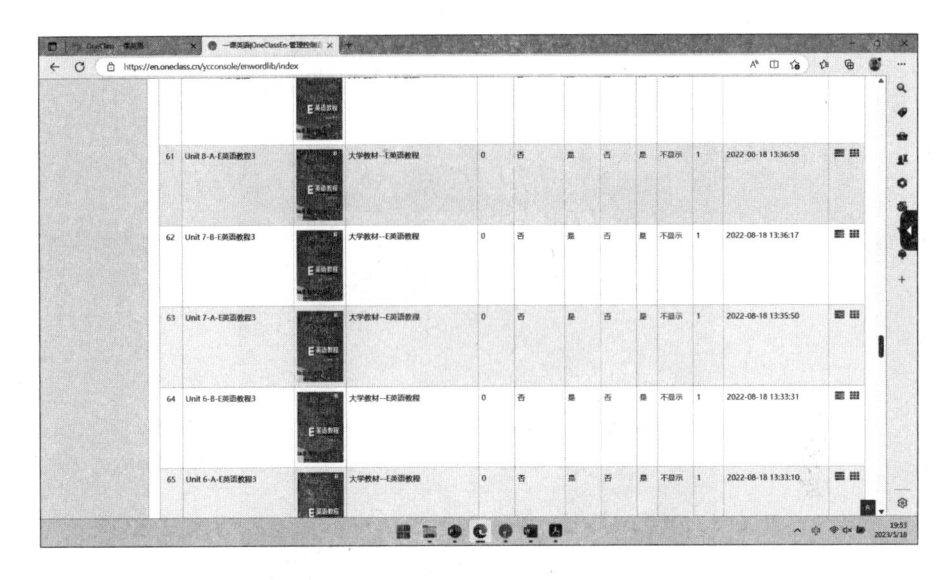

第六章 一课英语智慧教学实践平台的效果

（四）举办一课配音大赛，充分发挥第二课堂作用

在全球化进程日益深化的时代背景下，学生用外语讲好中国故事是必备要求，让国际社会听到中国声音、看到中国方案，显得尤为重要。为贯彻落实教育部关于教育信息化发展要求，不断推动外语听说练习和测试手段创新，推动数字赋能教育实践，满足大学生在线学习需求，提高外语智慧化教学水平，2023年5月12日至6月20日我们举办了首届大连海洋大学一课配音大赛。大赛的主题为"声临其境，让世界更精彩"，充分发挥第二课堂作用，调动了学生学习的积极性。此次大赛，总报名参与人数为626人，总参与率为61.50%，参与学生的平均分为89.95分。

此次大赛集时代性、趣味性、学术性于一体，激发了学生外语学习的兴趣，提高了学习效果。大赛为智慧化教学提供了发展思路，进一步推动了外语教育教学改革，达到了"以赛促学、以赛促教、课赛结合"的目的，为不同专业学生提供了锻炼外语听说能力和展现外语听说水平的舞台。

大数据云计算背景下外语学科智慧教学实践平台建设研究

第六章
一课英语智慧教学实践平台的效果

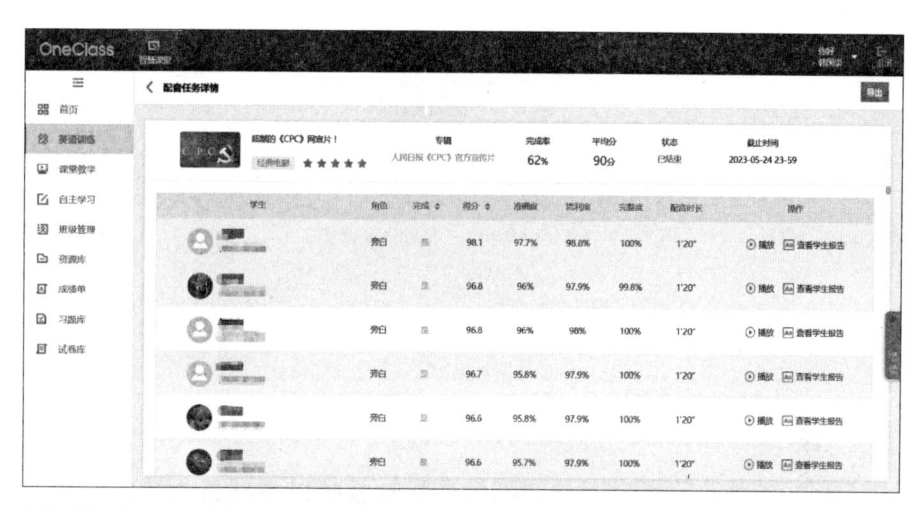

学生参加配音大赛的获奖证书：

137

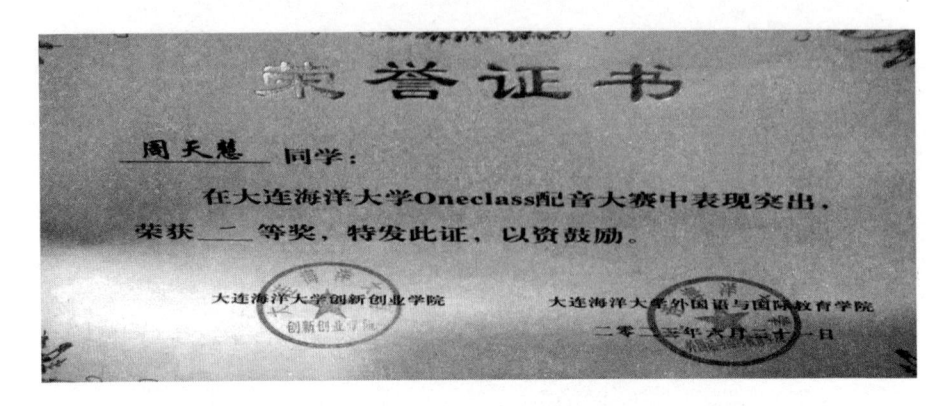

大数据云计算背景下外语学科智慧教学实践平台建设研究

（五）教师发表高水平论文，实现教学科研协同发展

大连海洋大学外国语与国际教育学院教师以本项目为依托，在北大核心期刊发表了两篇相关论文：《互联网背景下高校英语教学网络课程建设研究》（2023年7月）、《信息化时代下的网络辅助英语学习模式的建构与实践》（2023年8月）。

一课英语智慧教学实践平台的建设，丰富了外语教学理论，指导了教学实践，实现了教学科研协同发展。

二、一课英语智慧教学实践平台建设特色

第一，建设一课英语智慧教学实践平台，实现移动式学习。

第二，树立以"教"为主导、"学"为主体的教学理念和合作学习与自主学习的学习理念。

第三，在新的教学环境中，强调个性化教学及人机交互。平台强调个体实践、自主学习、信息交流，让学生的语言应用能力能够在更多的练习下获得提高，学生由被动的接受者变成积极的参与者。

三、一课英语智慧教学实践平台建设创新点

（一）建立简单好用的低投入高产出的智慧教学实践互动平台

智慧教学的核心是人，不是硬件设备。本研究拟建设的智慧课堂教学互动平台是真正站在教师和学生的角度，不改变他们的使用习惯，因此简单好用。此外，该智慧课堂教学互动平台的建设可实现课堂互动式教学改革，在学校已有的多媒体条件的基础上，通过软件即可实现智慧课堂功能，无须进行多硬件的投入。因此，该智慧课堂教学互动平台具有低投入、高产出的特点。

（二）及时更新国际化资源，保证资源时效性，支持教学资源共享

一课英语智慧教学在学习资源上能保证资源的时效性、动态性和时代性，密切贴合时代，去国产化痕迹，扩展学生的国际视野，形成与国际先进教学理念与教学内容接轨的教学模式，同时支持优质课程资源的共享与互动，构建并完善现代化教学手段，提高教学质量和教学效率。

（三）建设兼顾英语实践能力和学习成绩双提升的教学模式

为满足学生自主学习的需求，一课英语智慧教学实践平台设置了学生自学模块，教师可根据学生的学习情况分配不同级别的任务，做到因材施教。针对学生"听说读写"的能力，分别设置不同的任务模块，让学生在实践中学习，形成良好的英语学习习惯。学生可在不同时间、不同地点进行英语学习，实现自主学习、移动式学习和创造性学习的目标。

大数据云计算背景下外语学科智慧教学实践平台建设研究

后 记

为了贯彻《国家中长期教育改革和发展规划纲要（2010—2020年）》，执行中共中央、国务院印发的《中国教育现代化2035》，落实《加快推进教育现代化实施方案（2018—2022年）》，我们在多年教学与研究的基础上，以教育部2021年第二批产学合作协同育人项目"一站式英语智慧教学实践平台建设研究"（项目号：202102527012）和2021年辽宁省教育厅新文科研究与改革实践项目"新文科视域下涉海高校多元化外语人才培养模式创新路径研究"为依托，撰写了本研究成果，旨在提高外语学科建设质量，培养适合21世纪的具有较强创新能力和实践能力的高质量外语人才，为推动中国式现代化建设做出贡献。

本书介绍了大数据时代云计算和大数据的相关知识，分析了我国教育信息化现状及外语教学存在的问题，在大数据云计算背景下，在大连海洋大学翻译学科和英语学科研究基础上，探索建设翻译云智慧教学实践平台和一课英语智慧教学实践平台的外语学科智慧教学实践平台。在本书撰写过程中，得到了课题组成员王倩、韩国崇、崔永光、张莹等人的协助；在调研过程中，得到了沈阳云创未来科技有限公司金钊、马跃等企业专家的大力支持。在本书出版之际，向对本书

后 记

编写工作给予支持和帮助的所有人员表示最衷心的感谢!

由于原始资料有限,编写时间仓促,疏漏、不当之处在所难免,敬请读者多多指正。